大学受験
ムビスタ
MOVIE ✕ STUDY

岡本の
たった3時間で

漢文句法

スタディサプリ
岡本梨奈
著
Rina Okamoto

Gakken

この本を手に取ってくれたアナタに

漢文の土台をサクッと掴みたい人のための参考書

はじめまして！　本書は、漢文が苦手で「もう捨ててしまおうか」と諦めかけている人や、これから漢文を本格的に学習するので、苦手かどうかもわからないという人にはもちろん、ひと通り漢文の句法は覚えたけれど、ザッと要領よく復習をしたいという人にも使っていただけるように、短時間でサクッとポイントを掴めるように作りました。

なぜ漢文に苦手意識を持ってしまうのか

ズラズラ続いている漢字と漢字の間に、小さなカタカナや「レ」などの記号、「一・二・上・下」などの小さな漢字があるという見た目だけでハードルが上がってしまい、漢文に抵抗を感じてしまう高校生や受験生が少なくありません。ですが、実はそのカタカナや記号、小さな漢字がないほうが漢文を読む難易度は上がります。そのため、それらのカタカナや記号のルールさえ押さえてしまえば、漢文は断然読みやすくなるのです。また、漢文の問題箇所は、これらの記号がない、漢字だけの文で出題されることもけっこうあります。そのような場合に対応するために、「語順」や読まなくてもよい「置き字」を押さえることも重要です。

大学受験
ムビスタ
MOVIE × STUDY

岡本のたった3時間で漢文句法

漢文句法
どこでも
ミニブック

漢文句法
どこでもミニブック

Chapter 1

返り点・書き下し文・置き字

動画で暗唱!

01 「白文」とは？ …… 漢字だけで書かれている漢文

02 「返り点」とは？ …… 漢字の左下についている読む順番を示す記号

03 「訓点」とは？ …… 返り点・送り仮名・句読点の総称

04 「レ点」の読む順番は？ …… 真下の1字から上の1字に返って読む

05 「一・二点」の読む順番は？ …… 一点がついている字から二点がついている字に、2字以上返って読む

06 一・二点を挟んで上に返って読むための返り点は？ …… 上・中・下点

07	「レ点」の読む順番は？	レ点を優先して読み、その後で、一・二点の順に読む
08	返り点がついた字にハイフン（-）がついていたら？	下から戻ってきて2字連続で読む
09	「書き下し文」とは？	漢文を訓点に従って、漢字と仮名まじりの日本語にした文
10	書き下し文では、「送り仮名」はカタカナと平仮名のどちらで書く？	平仮名
11	書き下し文では、「助詞」「助動詞」は漢字と平仮名のどちらで書く？	平仮名
12	「置き字」とは？	意味はあるけれど読まない字
13	「置き字」は書き下し文に書く？　書かない？	書かない
14	置き字「而」の働きは？	接続

15
置き字「而」の直前の送り仮名が「〜テ・シテ・ニシテ・デ」ならば順接？　逆接？
順接

16
置き字「而」の直前の送り仮名が「〜モ・ドモ・ニ」ならば順接？　逆接？
逆接

17
置き字「於・于・乎」の直後の体言の送り仮名は何？
〜ニ・ト・ヨリ（モ）

18
置き字「矣・焉」は文のどこにある？
文末

19
置き字「兮」はどんな文で使われる？
詩（の中）

20
置き字「矣・焉」「兮」は読解の際にどうする？
無視する

Chapter 2

語順・返読文字

01 白文を解釈する場合は何から探す？

V（述語）

02 語順の基本形において、Vの上は何？

S（主語）

03 語順の基本形において、置き字（於・于・乎）の下は何？

C（補語）

04 語順の基本形において、Vの下が1つの塊であれば何？

O（目的語）

動画で暗唱！

05
O(目的語)の送り仮名は何?

〜ヲ

06
C(補語)の送り仮名は何?

〜ニ・ト・ヨリ(モ)

07
語順の基本形において、Vの下に2つの名詞の塊がある場合、何を目安に語順を判断する?

置き字(於・于・乎)

08
語順の基本形において、Vの下に2つの名詞の塊があり、置き字(於・于・乎)がない場合の語順は?

SVCO

09
語順の基本形において、「SV①於②」の場合、①と②は何?

①O(目的語) ②C(補語)

10
SとVの間に入る4つは何？
副詞　助動詞（断定「也《なり》」以外）
再読文字　前置詞を含む句

11
「返読文字」とは？
語順の基本に関係なく下から返って読む文字

12
「返読文字」の中で、反対語で覚えておくと便利な3セットは？
「有・無」「難・易」「多・少」

13
「也」以外の助動詞はVの上にある？　下にある？
上

14
前置詞「与」は何と読む？
と

15
前置詞「自・由・従」は送り仮名も含めて何と読む？
より

16
「所以」は歴史的仮名遣いで何と書く？
ゆゑん

Chapter 3

再読文字

01 再読文字「未」の読みは？
いまだ〜ず

02 再読文字「未」の訳は？
まだ〜ない

03 再読文字「将・且」の読みは？
まさに〜（んと）す

04 再読文字「将・且」の訳は？
今にも〜しようとする

05 再読文字「当・応」の読みは？
まさに〜べし

06 再読文字「当・応」の訳は？
当然〜すべきである・きっと〜だろう

動画で暗唱！

07	再読文字「宜」の読みは？	よろしく〜べし
08	再読文字「宜」の訳は？	〜するのがよい
09	再読文字「須」の読みは？	すべからく〜べし
10	再読文字「須」の訳は？	必ず〜する必要がある
11	再読文字「猶・由」の読みは？	なほ《お》〜（体言の or 連体形が）ごとし
12	再読文字「猶・由」の訳は？	まるで〜のようだ
13	再読文字「盍」の読みは？	なんぞ〜ざる
14	再読文字「盍」の訳は？	どうして〜しないのか・〜したらよいではないか
15	再読文字を書き下し文にする場合、1回目の読みは漢字？　平仮名？	漢字

16

再読文字を書き下し文にする場合、2回目の読みは漢字？　平仮名？

平仮名

Chapter 4

否定

01

否定はどこの内容を否定している？

（否定の文字の）下

02

「不」が何の否定かわかるような「～ない」の形の訳は？

しない

03

「無」が何の否定かわかるような「～ない」の形の訳は？

がない or はない

04

「非」が何の否定かわかるような「～ない」の形の訳は？

ではない

動画で暗唱！

05 「非」の直前の送り仮名も含めた読みは？ …………… にあらず

06 不可能を表す「不能」の読みは？ …………… あたは《わ》ず

07 不可能を表す「不得」の直前の送り仮名も含めた読みは？ …………… をえず

08 「無不～」の読みは？ …………… ～ざる（は）なし

09 「非無～」の読みは？ …………… ～なきにあらず

10 「不可不～」の読みは？ …………… ～ざるべからず

11 「無非～」の訳は？ …………… ～ではないものはない（↓全部～である）

12 「不常～」は全部否定？部分否定？ …………… 部分否定

13 「不甚A」の読みは？ …………… はなはだしくはA（せ）ず

14	「倶不A」の訳は？	両方ともAしない
15	「不復A」の訳は？	二度とはAしない
16	「未嘗不～」の読みは？	いまだかつて～ずんばあらず
17	「不敢～」の訳は？	決して～ない
18	「不敢不～」の訳は？	～しないことは決してない（↓必ず～する）
19	「無A無B」で、AとBが対義語の場合の訳は？	AとBの区別なく
20	「無A無B」で、AとBが対義語ではない場合の読みは？	AとしてBなきはなし
21	「不レンバAセ、無レシB」の訳は？	Aしないならば、Bはない

Chapter 5

使役・受身

動画で暗唱!

01 使役の助動詞の代表的な3つの漢字は何？

使・令・遣

02 助動詞「しム」を漢字で表した使役の句法の語順は？

S使《助動詞》NVO

03 02の句法の読みは？

SNをしてOをVしむ

04 助動詞「しム」の直前は何形？

未然形

05 使役を暗示する動詞の代表的な5つは何？

命じて・令して・召して・遣はして・教へて

06 受身の助動詞の代表的な2つの漢字は何？	見・被
07 直前がa段であれば、受身の助動詞は何と読む？	る
08 直前がa段以外であれば、受身の助動詞は何と読む？	らる
09 「V於N」の「V」に送り仮名「ル・ラル」をつける場合の条件は？	NがVの動作主
10 「為N所V」の読みは？	NのVするところとなる
11 「為N所V」の訳は？	NにVされる

Chapter 6

疑問・反語

01	どんな送り仮名があれば反語と判断できる？	～ン（ヤ）
02	「いづレノ」の訳は？	どの
03	「いづクニ」の訳は？	どこに
04	「何為～」の送り仮名も含めた読みは？	なんすれぞ
05	「孰」が二者択一の場合の送り仮名も含めた読みは？	いづ《（ず）》れか

動画で暗唱！

06	「孰」が二者択一でない場合の送り仮名も含めた読みは？	たれか
07	「～何也。」の直前の送り仮名も含めた読みは？	はなんぞや。
08	「～何若。」の読みは？	いかん。
09	「～何若。」の訳は？	～はどのようであるか。
10	「～若何。」の送り仮名も含めた読みは？	いかんせん。
11	「～若何。」が疑問の場合の訳は？	～はどうしようか。
12	「若何～」の送り仮名も含めた読みは？	いかんぞ
13	「幾何」は何についての疑問や反語？	数量

14	「幾何」の読みは？	いくばく
15	「豈」が「ソ（ヤ）」と用いられている場合の訳は？	どうして～だろうか、いや、～ない
16	「寧クンゾ」は疑問？　反語？	反語
17	「敢不～乎」の読みは？	あへ《え》て～ざらんや
18	「何N之有」の読みは？	なんのNかこれあらん
19	「何N之有」の訳は？	何のNがあろうか、いや、何のNもない

Chapter 7

抑揚・限定・累加

動画で暗唱!

01 抑揚の句法にある「況」の送り仮名も含めた読みは？
いは《わ》んや

02 01「況」の訳は？
まして

03 「A且B。況C乎」の読みは？
Aすらかつ B。いは《わ》んやCをや

04 「A且B。況C乎」の訳は？
AでさえB。ましてCはなおさら(B)だ

05 「而況於C乎」の読みは？
しかるをいは《わ》んやCにおいてをや

06 「而況於C乎」の訳は？
ましてCにおいてはなおさらだ

07 「惟・只・唯・但」の送り仮名も含めた読みは？ …… ただ

08 限定の句法にある「独」の送り仮名も含めた読みは？ …… ひとり

09 「耳・已・爾」が単独で文末にある場合の読みは？ …… のみ

10 「非惟A、而亦B」の読みは？ …… ただにAのみにあらず、しか《こ》うしてまたB

11 「不惟A、而亦B」の訳は？ …… ただ単にAだけではなく、またBでもある

12 「豈惟A」の読みは？ …… あにただにAのみならんや

13 「豈惟A」の訳は？ …… どうしてただAだけであろうか、いや、Aだけではない

Chapter 8

詠嘆・仮定・比較・願望

動画で暗唱!

01 「不二亦A一乎」の訳は?
なんとAではないか

02 「豈不A乎」が詠嘆の場合の読みは?
あにAずや

03 「何其ゾレA」の訳は?
なんとAではないか

04 文頭の「如」に返り点がなく、「バ」とセットで用いられる場合の送り仮名も含めた読みは?
もし

05 「苟」の送り仮名も含めた読みは?
いやしくも

06	「苟」の訳は？	もし〜ならば
07	「トモ」とセットで用いる「縦」の訳は？	たとえ〜としても
08	「雖」の直前の送り仮名も含めた読みは？	といへ《え》ども
09	「雖」は逆接だが、仮定？　確定？　仮定確定両方？	仮定確定両方
10	「A於N」のAが形容詞の場合、Nの送り仮名は何から考える？	ヨリ（モ）
11	「不若」の直前の送り仮名も含めた読みは？	にしかず
12	「A不如B」の場合、A、Bどちらのほうがよい？	B

13 「A孰若B」の場合、A、Bどちらのほうがよい？

B

14 「無如」の直前の送り仮名も含めた読みは？

にしくはなし

15 「無若A」の訳は？

Aが一番よい

16 「無レAレ焉」の読みは？

これよりAはなし

17 「寧A無B」の読みは？

むしろAすともBするなかれ

18 「願～」の最後が命令形の場合の訳は？

どうか～してください

19 「請～」の最後が「ン」の場合の訳は？

どうか～したい

20 「庶幾」の送り仮名も含めた読みは？

こひ《い》ねがは《わ》くは

Chapter 9

「以」・「すなはチ」

01 「以A為B」の読みは？

Aをもつ《っ》てBとなす

02 「以A為B」の訳は？

AをBと思う・AをBとする

03 「以為B」の読みは？

もつ《っ》てBとなす

04 「以為〜。」（〜が長い場合）の読みは？

おもへ《え》らく〜（と。）

05 「V以二〜一。」の読みは？

Vするに〜をもつ《っ》てす

動画で暗唱！

06
「Vテ以テV」と「以V」（動詞の上の単独）の「以」は解釈の際どうする？

無視する

07
「則・即・便・乃・輒・而」の共通の送り仮名も含めた読みは？

すなは(わ)ち

08
「即チ」の訳は？

すぐに

09
「乃チ」の訳は？

そこで・やっと・なんと

10
「便チ」の訳は？

すぐに・簡単に

11
「輒チ」の訳は？

いつも・すぐに

重要語句の読みと意味

語句	読み	意味
遂・卒・終・竟	つひニ	とうとう・結局
私・窃・陰	ひそカニ	こっそりと
俄・暴・遽・卒	にはカニ	急に
忽	たちまチ	急に
嘗・曾	かつテ	以前に
方・正	まさニ	ちょうど
具	つぶさニ	詳しく・ことごとく
徐	おもむろニ	徐々に
漸	やうやク	だんだんと

語句	読み	意味
寡	すくなシ	少ない
衆	おほシ	多い
少	わかシ	若い・年少だ
宜	むベナリ	もっともだ
道	いフ	言う
白・首	まうス	申す・告げる
対	こたフ	目下から目上の人にお答えする
諌	いさム	目下から目上の人に注意する
中	あタル・あツ	命中する・適合する

凡	およソ	そもそも・大体
数〻	しばしば	たびたび
抑	そもそも	それとも・しかし・さらにまた
偶〻・適〻・会〻	たまたま	たまたま
素	もとヨリ	日ごろから・前もって
固	もとヨリ	もともと・言うまでもなく
親	みづからラ	自分で直接に
如是・如此 若是・若此	かクノごとシ	このようだ
於是	ここニおイテ	そこで
以是	これヲもつテ	これで
是以	ここヲもつテ	だから・こういうわけで
由是	これニよリテ	こういうわけで

所謂	いはゆる	世間一般に言われる
之	の	の
	これ	これ
	ゆク	行く
已	すでニ	既に
	やム	終わる
	のみ	〜だけ
見	みル	見る
	まみユ	謁見する
	あらハル	現れる
	あらハス	明らかにする
▼動詞の上	る・らル	〜れる・られる【受身】

語句	読み	意味
与	と	と
	ともニ	一緒に
	よりハ	〜より
	あたフ	与える
	くみス	味方する
	あづかル	関係する
▼文末	〜か	〜か【疑問】
▼文末	〜かな	〜だなあ【詠嘆】
且	かツ	さらに・そのうえ・しかも
	しばらク	少しの間

語句	読み	意味
悪	にくム	憎む
	あシ	悪い
過	すグ	過ぎる
	よギル	訪問する
	あやまツ	間違える
	あやまチ	間違い・過失
臣	しん	君主に対して「私」
妾	せふ（しょう）	女性の「私」
朕	ちん	天子の自称
寡人	くわじん（かじん）	諸侯・王の自称

為		〜トなル	〜となる
		〜ヲなス	〜を行う
		〜トなス	〜とする
		〜ヲつくル	〜を製造する
		〜ヲをさム	〜を治める
		たり	〜である【断定】
		る・らル	〜れる・られる【受身】
毎	▼返り点あり	〜ごとニ	〜するたびに
	▼返り点なし	つねニ	いつも
因		よりテ	〜から・そこで
		よツテ	

爾・而		あな[illegible]
子	し	あなた・先生
卿	けい	あなた・政治の要職にある貴族
足下	そっか	(手紙文で)あなた
二三子	にさんし	師が弟子に対して「お前たち」
上	しやう(しょう)	皇帝
南面	なんめん	天子の位につくこと
相	しやう(しょう)	宰相
左右	さいう(さゆう)	近臣
大夫	たいふ	中級の官
吏	り	下級役人
君子	くんし	立派な人

語句	読み	意味
小人	せうじん（しょうじん）	つまらない人・身分の低い人
匹夫	ひっぷ	つまらない男・身分が低い男
百姓	ひゃくせい	民衆
庶人	しよじん（しょじん）	庶民
布衣	ふい	庶民
食客	しょっかく	客として待遇しておく家来
客	かく（きゃく）	旅人・食客
諫言	かんげん	目上の人をいさめること
夫子	ふうし	先生（『論語』中は孔子）
知己	ちき	理解者・親友

語句	読み	意味
人間	じんかん	世の中・俗世間
乾坤	けんこん	天地
社稷	しやしよく（しゃしょく）	国家・土地と穀物の神
海内	かいだい	国内・天下
朝	てう（ちょう）	朝廷
城	じやう（じょう）	（城壁をめぐらせた）町
市井	しせい	町
京師	けいし	首都
是	ぜ	正しいこと
非	ひ	間違っていること

字	あざな	成人した男子の別名
丈夫	ぢやうふ(じょうふ)	成人男性・立派な人
孺子・豎子	じゆし(じゅし)	子ども・乳飲み子
鬼	き	死者・幽霊
兵	へい	戦争・武器・軍隊
師	し	軍隊・先生
所以	ゆゑん(ゆえん)	理由・手段
雁信	がんしん	手紙

恕	じょ	思いやり
義	ぎ	正義
礼	れい	作法・マナー
孝	かう(こう)	親を大切にすること
色	いろ	顔色
光陰	くわういん(こういん)	時間
期年	きねん	満一年
天年	てんねん	寿命

動画の二次元コード一覧

授業動画

Chapter 1
Chapter 2
Chapter 3
Chapter 4
Chapter 5
Chapter 6
Chapter 7
Chapter 8
Chapter 9

一問一答（動画で暗唱！）

Chapter 1
Chapter 2
Chapter 3
Chapter 4
Chapter 5
Chapter 6
Chapter 7
Chapter 8
Chapter 9
総合版

◀ここから切りはなしてお使いください。

漢文句法
どこでも
ミニブック

漢文を読めるようにするために

本書は、9つのチャプターで構成されており、**Chapter 1・2**では「返り点・書き下し文・語順」など、漢文を読むためのルールの土台となる部分をしっかり固め、**Chapter 3〜8**で重要な句法を、**Chapter 9**では「以」などの頻出漢字を学習します。また、巻末では「漢詩の知識」を、**ミニブック**の巻末には、「重要語句の読みと意味」も掲載しており、本書1冊を仕上げると、漢文読解演習に取り組む力がつきます。

参考書と動画で徹底サポート

「講義→要点整理→一問一答→基本練習」の4つのステップで繰り返し触れることで、身につきやすいうえに、授業動画のサポートつき！　授業動画は、たった3時間で全チャプター分が確認できます。短時間でポイントを押さえて、漢文が得点源になるように一緒に進めていきましょう！

著者　岡本 梨奈

CONTENTS

岡本の　たった3時間で漢文句法

目次

本書の特徴

高校3年分の漢文句法を最速で駆け抜ける

本書は、「高校3年分の漢文句法を最速で駆け抜ける本」を基本コンセプトに、漢文句法のエッセンスを9つのチャプターに凝縮しました。本書の内容をマスターすることで、漢文句法に関しては、大学入試の問題に挑むことができる力が身につきます。

参考書

丁寧な句法解説とスモールステップ式の4つの手順に沿った学習を積むことで、❶句法が理解できる➜❷句法を暗記する➜❸句法を使って問題が解けるまで、確実に導く。

×

授業動画

スタディサプリ超人気講師の岡本梨奈先生による、面白くてわかりやすい授業動画が、学習を完全サポート。白熱の授業で、絶対に挫折させない。

×

ミニブック

学習内容が完全に「自分のもの」になったかを確認するための暗記ツール。本書から取り外して持ち運べるので、スキマ時間にどこでも復習することが可能。

基本構成

漢文句法を４つのステップで完全攻略

全てのチャプターは次の４つのステップから構成されています。ステップに沿って学習を進めていくことで、漢文句法の知識とその応用力が着実に身につきます。

STEP 1
講義
漢文句法を講義調の文章で徹底的にわかりやすく解説。
二次元コードから著者の岡本梨奈先生による
授業動画にもアクセスでき、スマホでいつでも
どこでも何度でも授業が受けられる。

STEP 2
要点整理
STEP 1で説明した内容の要点を
コンパクトに整理して掲載。

STEP 3
一問一答
STEP 1の講義が身についているかを
一問一答形式でチェック。
※なお、本書の巻頭に付属している「漢文句法どこでもミニブック」には、
全チャプターの一問一答を抜粋して掲載している。

STEP 4
基本練習
STEP 1～STEP 3までの内容の
理解度を問題式で確認。

勉強法

著者直伝　本書の理想的な使い方

参考書は使い方次第で、学習効果に大きな差がでるものです。
そこで、著者本人による「本書の理想的な使い方」を最初の授業動画で伝授します。
勉強を開始する前に、必ず視聴してください。

イントロダクション

絶対に成績が伸びる勉強法

NOTE

チェック!

- ☑ ＿＿＿＿＿＿＿を開いて授業動画を見る
- ☑ ＿＿＿＿＿＿＿を理解したうえで答えられる
- ☑ ＿＿＿＿＿＿＿に取り組む
- ☑ ＿＿＿＿＿＿＿を何度も復習する
- ☑ ＿＿＿＿＿＿＿＿＿が完璧な状態で次のチャプターの学習に進む
- ☑ 本書のゴールは＿＿＿＿＿＿の完成

［完成とは］…＿＿＿＿＿＿でロに出してスラスラ答えられる状態のこと

動画のご利用方法

動画の二次元コード一覧

本書の二次元コードがついた部分は、コードを読み込み、授業動画が見られます。スマホやタブレットを利用し、視聴してください。なお、二次元コードの一覧を次に用意しました。このページから各動画にアクセスすることもできます。ぜひ、ご利用ください。

授業動画

Chapter 1　Chapter 2　Chapter 3

Chapter 4　Chapter 5　Chapter 6

Chapter 7　Chapter 8　Chapter 9

一問一答（動画で暗唱!）

Chapter 1　Chapter 2　Chapter 3

Chapter 4　Chapter 5　Chapter 6

Chapter 7　Chapter 8　Chapter 9

総合版

※お客様のネット環境および端末の環境により、動画の視聴ができない場合、当社は責任を負いかねます。
また、動画の公開は予告なく終了することがあります。

Chapter
1 返り点・書き下し文・置き字

講師　岡本梨奈

授業動画へアクセス

本書は漢文読解のために必要なルールや句法を、９つのチャプターに分けて解説しています。まず**Chapter 1**では、中国語で書かれている漢文を日本人が読んで理解できるように考えられたルール（**返り点・書き下し文**）や、日本語で読む場合には読まなくてもよい文字（**置き字**）について学習します。これらのルールがわかれば、中国語が読めなくても、漢文を日本語として読むことができるようになるのです。早速、順番に見ていきましょう。

返り点

返り点とは、読む順番を示す記号で、漢字の左下についています。中国語は、たとえば「**王得剣**」のように漢字で書かれており、このように漢字だけで書かれているものを**白文**《はくぶん》といいます。この白文の意味は「**王が剣を得た**」なのですが、このように日本語に訳す場合は「**王**」→「**剣**」→「**得**」の順番で読み、白文（中国語）とは順番が異なります。日本語で理解するために読む順番を示す記号が**返り点**で、この場合は「王得㆑剣」と表します。

それぞれの記号の読み方（返り点のルール）を理解すると、記号を見て日本語の順番で読めるようになるので、返り点のルールを覚える必要があります。

POINT

返り点のルール

※数字は読む順番（以下同）。

レ点
真下の1字から上の1字に返って読む。
例 ②レ①。

一・二点
一点がついている字から二点がついている字に、2字以上返って読む。
※「三点」があれば「一→二→三」の順に読む。
例 ③二①②一。

上・中・下点
一・二点を挟んで上に返る。上点→中点→下点の順に読む。
※中点がない場合は上点→下点の順に読む。
例 ①⑧下②⑦中⑤二③④一⑥上。

一レ点・上レ点
レ点を優先して読み、その後で、一・二点や上・中・下点の順に読む。
例 ④二①③一レ②。

ハイフン（‐）
熟語を示す。下から戻ってきて2字連続で読む。
例 ①③二-④②一。

返り点のルールがわかれば、「王得レ剣」を「王」↓「剣」↓「得」の順番に読むことは理解できますが、日本語というにはまだ不十分です。そこで、**漢字の右下には「送り仮名」**を振りました。**送り仮名**は「王得タリレ剣ヲ」のように、小さく**カタカナ**で書かれています。漢字の右横にある平仮名は「振り仮名」です（例 王得《え》タリレ剣ヲ）。昔の日本人が考えた読み方の工夫ですから、**送り仮名と振り仮名は歴史的仮名遣い**で書かれています。

返り点・送り仮名・句読点《くとうてん》（「、」・「。」）を合わせて「**訓点**」といいます（返り点と送り仮名を指していうことが多い）。白文に訓点をつけると、中国語の漢文を日本語として読み、理解することができるのです。

書き下し文

書き下し文とは、漢文を訓点に従って、漢字と仮名まじりの日本語にした文のことです。白文（例 王得剣）に訓点（例 王得《タリ》レ剣《ヲ》。）をつけると読みやすくなりましたが、訓点に従って「**王剣を得たり。**」と書き下し文で書かれていると、もっとわかりやすくなります。

書き下し文にするときのルールを押さえましょう。まだ習っていない言葉が出てきますが、ひとまず目を通してください。

POINT

書き下し文のルール

① 返り点に従い、送り仮名を平仮名（歴史的仮名遣い）で書く。振り仮名は不要。
② 置き字は書かない。
③ 漢字は漢字のままで書く。ただし、助詞・助動詞は平仮名に直す。
④ 再読文字は1回目の読みは漢字、2回目の読みは平仮名で書く。

②置き字はこの後すぐに学習します。③助詞・助動詞は今後句法などで学習していきますが、それらを平仮名に直すことは今覚えておきましょう。④再読文字はChapter 3で学習しますので、そのときにまた確認するとして、今回は①～③をしっかりマスターしましょう。

置き字

置き字とは、意味はあるけれど読まない字です。読まないので、**置き字は書き下し文には書かない**のです。4つのグループに分けて覚えましょう。

POINT 置き字は働きとポイントを押さえる

① **文中の「而」** 接続の働き。
直前の送り仮名 「〜テ・シテ・ニシテ・デ」▼順接
「〜モ・ドモ・ニ」▼逆接

② 於・于・乎 前置詞の働き。
直後の体言（＝名詞）の送り仮名 ▼「〜ニ・ト・ヨリ（モ）」

③ **文末の「矣・焉」** **強意**の働き。**無視でOK。**

④ 兮 **整調**（調子を整えること）の働き。**詩の中で用いる。無視でOK。**

①「**而**」の文字が**文中**にあり、訓点がなくて**省いても支障がなければ**、**置き字**です。**接続**の働きで、順接と逆接の意味を持っており、**「而」の直前に読む送り仮名**で見分けます。「**〜テ・シテ・ニシテ・デ**」ならば**順接**、「**〜モ・ドモ・ニ**」ならば**逆接**です。ただし、「〜テ」が逆接のときもあるので、気をつけましょう。読解の際には、特に**逆接がわかれば続きが予測できて便利**です。たとえば、「午前中は晴れていた**のに**」とあれば、「午後」は少なくとも晴れではないことがわかります。**置き字「而」があるときは、直前の送り仮名を意識**しましょう。

②訓点がなくて**省いても支障がない**「於・于・乎」は、前置詞の働きをする置き字です。「時・場所・比較」など様々な意味がありますが、漢文を読めばわかるので覚える必要はありません。これらの置き字がある白文や返り点しかついていない文を、送り仮名を自分で補って書き下し文にする問題が出題されることがあるため、**直後の体言の送り仮名**が「ニ・ト・ヨリ(モ)」のどれかになることを覚えておくことが重要です。あてはめて最もしっくりくるものにしましょう。

例 力《つとム》二於学一。□ ▼書 学に力む。 訳 学問に努める。

③「矣・焉」の文字が文末にあり、訓点がなくて**省いても支障がなければ置き字**で、**強意**の働きです。文中の「焉」や、文末にあっても真上の文字にレ点がついている「焉」は、置き字ではないので気をつけましょう。

④「兮」は**整調**の働きで、**詩**の中で用います。

③・④の置き字は、強めたり整えたりしているだけなので、読解の際は無視してかまいません。

PRACTICE

次の文をそれぞれ書き下し文にせよ。

① 我非《あら》ズ二生マレナガラニシテ而知ルレ之《これ》ヲ者ニ一。

② 楚《そ》人《ひと》ニ有リ下鬻《ひさ》グ二盾《たて》ト与《と》ヲレ矛《ほこ》上者。

ヒント！ 「与《と》」は助詞。

▼我生まれながらにして之を知る者に非ず。
（「而」は置き字。読まないので書かない。
読む順 ①⑥二②×④レ③⑤一。　※×＝而）

▼楚人に盾と矛とを鬻ぐ者有り。
（「与」は助詞→平仮名に直す。
読む順 ①②⑧下⑥二③⑤レ④⑦上。）

返り点がついている漢文を読む場合、最初に読む文字は、上から見ていき、返り点がついていない文字です。あとは、返り点のルールに従って読んでいきます。

①は、「我」に返り点がついていないので、「我」から読みます。次の「非」に二点がついているので、一点がついている字の次に読むため、飛ばします。次の「生」には返り点がついていないので、これを2番目に読みます。次の「**而**」は**文中**にあり、直前の送り仮名が「ニシテ」であるため、**置き字で読みません**。次の「知」にはレ点がついているので、下の「之」を先に読んでから「知」に戻ります。最後の「者」には一点がついているので、「者」を読んでか

ら二点がついている「非」に戻って読みます。この順番に従って、カタカナの**送り仮名**を**平仮名**にして書くと、「我生まれながらにして之を知る者に非ず。」となります。**「而」は置き字ですから書きません。** 訳 私は生まれながらにしてこれを知る者ではない。 ※現時点で訳はわからなくても問題ありません。②も同様。

②は、「楚人」に返り点がついていないので、上から順番に読みます。次の「有」に下点がついており、この文には中点がありません。したがって、上点のついている字の次に読むため、飛ばします。次の「鬻」に二点がついており、一点のついている字の次に読むため、飛ばします。「盾」には返り点がついていないので、これを3番目に読みます。次の「与」にはレ点がついているので、下の「矛」を先に読んでから「与」に戻り、次に二点がついている「鬻」に戻ります。「者」には上点がついているので、「者」を読んでから下点がついている「有」に戻って読みます。この順番に従って、カタカナの送り仮名を平仮名にして、さらに、**「与」**は**助詞**なので**平仮名**に直して書くと、「楚人に盾と矛**と**を鬻ぐ者有り。」となります。訳 楚の国の人に盾と矛とを売る者がいた。 ※ちなみに、漢文では「過去」や「完了」を表す漢字や文字が特になくても、「〜た」と訳したほうが自然であれば、勝手に入れて訳してかまいません。

¥8000
¥10000

要点整理

1 用語確認

白文《はくぶん》　漢字だけで書かれている漢文。

返り点　漢字の左下についている読む順番を示す記号。

送り仮名　漢字の右下に小さくカタカナで書かれている。

訓点　返り点・送り仮名・句読点の総称。

2 返り点のルール

※数字は読む順番（以下同）。

レ点　真下の1字から上の1字に返って読む。　例 ②レ①。

一・二点　一点がついている字から二点がついている字に、2字以上返って読む。

例 ③二①②一。

※「三点」があれば「一→二→三」の順に読む。

上・中・下点　一・二点を挟んで上に返る。上点→中点→下点の順に読む。

例 ①⑧下②⑦中⑤二③④一⑥上。

※中点がない場合は上点→下点の順に読む。

一レ点・上レ点　レ点を優先して読み、その後で、一・二点や上・中・下点の順に読む。

例 ④二 ①③レ ②。

ハイフン（－）　熟語を示す。下から戻ってきて2字連続で読む。　例 ①③二‐④②一。

3 書き下し文のルール

① 返り点に従い、送り仮名を平仮名（歴史的仮名遣い）で書く。振り仮名は不要。
② 置き字は書かない。
③ 漢字は漢字のままで書く。ただし、助詞・助動詞は平仮名に直す。
④ 再読文字は1回目の読みは漢字、2回目の読みは平仮名で書く。

4 置き字は働きとポイントを押さえる

① 文中の「而」　接続の働き。
直前の送り仮名　「～テ・シテ・ニシテ・デ」▼順接
「～モ・ドモ・ニ」▼逆接
② 於・于・乎　前置詞の働き。
直後の体言（＝名詞）の送り仮名　▼「～ニ・ト・ヨリ（モ）」
③ 文末の「矣・焉」　強意の働き。無視でOK。
④ 兮　整調（調子を整えること）の働き。詩の中で用いる。無視でOK。

重要事項はコレダケ!

一問一答

動画で暗唱!

赤シートでチェック!

01 「白文」とは?

漢字だけで書かれている漢文

02 「返り点」とは?

漢字の左下についている読む順番を示す記号

03 「訓点」とは?

返り点・送り仮名・句読点の総称

04 「レ点」の読む順番は?

真下の1字から上の1字に返って読む

05 「一・二点」の読む順番は?

一点がついている字から二点がついている字に、2字以上返って読む

06 一・二点を挟んで上に返って読むための返り点は？

上・中・下点

07 「レ点」の読む順番は？

レ点を優先して読み、その後で、一・二点の順に読む

08 返り点がついた字にハイフン(—)がついていたら？

下から戻ってきて2字連続で読む

09 「書き下し文」とは？

漢文を訓点に従って、漢字と仮名まじりの日本語にした文

10 書き下し文では、「送り仮名」はカタカナと平仮名のどちらで書く？

平仮名

11
書き下し文では、「助詞」「助動詞」は漢字と平仮名のどちらで書く？

平仮名

12
「置き字」とは？

意味はあるけれど読まない字

13
「置き字」は書き下し文に書く？　書かない？

書かない

14
置き字「而」の働きは？

接続

15
置き字「而」の直前の送り仮名が「〜テ・シテ・ニシテ・デ」ならば順接？　逆接？

順接

16
置き字「而」の直前の送り仮名が「～モ・ドモ・ニ」ならば順接？ 逆接？

逆接

17
置き字「於・于・乎」の直後の体言の送り仮名は何？

～ニ・ト・ヨリ（モ）

18
置き字「矣・焉」は文のどこにある？

文末

19
置き字「兮」はどんな文で使われる？

詩（の中）

20
置き字「矣・焉」「兮」は読解の際にどうする？

無視する

基本練習

（解答と解説は別冊P002）

1 次の用語の説明として適当なものを、それぞれ後の中から1つずつ選べ。10点（各2点）

1 白文　2 返り点　3 訓点　4 書き下し文　5 置き字

ア 意味はあるけれど読まない字
イ 返り点・送り仮名・句読点の総称
ウ 漢字だけで書かれている漢文
エ 漢文を訓点に従って、漢字と仮名まじりの日本語にした文
オ 漢字の左下についている読む順番を示す記号

1	2	3	4	5

2 次の□の中に、返り点に従って読む順番を算用数字で書け。

40点（各4点）

1. □レ□
2. □二□□一
3. □□二□□レ□□一□
4. □三□□二□□□一□
5. □下□□二□□一□上
6. □□下□二□□一□□中□□上
7. □二□□一レ□□
8. □下□□二□□一□上レ□

9 □□二□□□一

10 □三□□二□□レ□レ□□一

3

次の置き字の説明として適当なものを、それぞれ後の中から1つずつ選べ。同じ記号を何度使ってもかまわない。

14点（各2点）

1 於　2 兮　3 焉　4 矣　5 乎　6 而　7 于

ア　接続の働きで、文中にある。
イ　直後の体言の送り仮名が「～ニ・ト・ヨリ（モ）」になる。
ウ　強意の働きで、文末にある。
エ　整調の働きで、詩の中で用いられる。

1 □　2 □　3 □　4 □　5 □　6 □　7 □

4 次の文をそれぞれ書き下し文にせよ。

（36点 各6点）

1 移シテレ舟ヲ泊ス二煙渚《えんしょ》ニ一。

2 有リ下人ノ従《よ》リ二長安一来《き》タル上。

ヒント！ 「従」は助詞。

3 飲二‐食セシム之《これ》ニ一。

4 莫《な》シレ不《ざ》ルレ奇トセレ之《これ》ヲ。

ヒント！ 「不」は助動詞。

5 何ゾ不《ざ》ル下淈《にご》シテ二其ノ泥ヲ一、而揚《あ》ゲ中其ノ波ヲ上。

ヒント! 「不」は助動詞。

6 非《あら》ズ三所以《ゆゑん》ニ二為《な》スレ恥ト。

SCORE

/100点

Chapter

2 語順・返読文字

講師　岡本梨奈

授業動画へアクセス

Chapter 2では、「語順」と「返読文字」を学習します。訓点がついている漢文を読む場合は、特にこれらを意識しなくても、ついている返り点や送り仮名に従って読んでいけばよいのですが、問われている傍線部の箇所が白文で、自力で読まなければいけない際には、これらを理解できていないと正しく解釈することが困難になります。白文を正しく読むためには、**語順・返読文字・重要句法**などの知識が必要なのですが、今回はその中から、土台となる語順と返読文字を学びましょう。

語順

Chapter 1で見たように、日本語では「王が剣を得た」のように「主語（S）＋目的語（O）＋述語（V）」の順番ですが、中国語だと「王得剣」で「主語（S）＋述語（V）＋目的語（O）」の順番で、日本語とは異なります。中国語では「SVO」だと理解していれば、「王得剣」という白文でも、「王」＝S、「得」＝V、「剣」＝Oなので「王が剣を得た」と訳すことができます。ちなみに、「**主語（S）＋述語（V）**」、「**修飾語＋被修飾語**」の語順は日本語も中国語も同じです。

例 王《S》聞《V》。 ▼訳 王が聞く。 ／ 低山《修飾語＋被修飾語》 ▼訳 低い山

日本語とは異なる次の語順をしっかり押さえましょう。

POINT

語順の基本形

※V（述語）は主に動詞だが、形容詞や形容動詞、名詞がくることもある。

S（主語）は省略されることがある▼V（述語）から探すことがポイント

S V O

Vの下の1つの塊はO（目的語）。「〜ヲ」の送り仮名をおくる。

例 王得剣。 ▼訳 王が剣を得た。

S V 於 C

置き字（於・于・乎）の下はC（補語）。「〜ニ・ト・ヨリ（モ）」の送り仮名をおくる。

例 置於此。 ▼訳 ここに置く。

※「於」は「于」「乎」の場合もある。

S V C O

Vの下に2つの名詞の塊があり、置き字（於・于・乎）がなければC Oの順になる。

例 王与臣剣。 ▼訳 王が私に剣を与える。

※「臣」＝一人称。「私」。

S V O 於 C

Vの下に2つの名詞の塊があり、置き字（於・于・乎）があれば、置き字の上がO、下がC。

例 見蝶於園中。 ▼訳 蝶を園中に見る。

S（主語）が省略されることも多くあるので、白文を解釈しなければいけない場合は、まず**V（述語）の目星をつけることがポイント**です。

たとえば「置於此《ここ》。」とあれば、この中でVになりそうなのは、動詞「置（ク）」です。Vから始まっているので、Sは省略されています。そして、置き字「於」があることもポイントです。「（S）V於C」の語順、つまり**「置き字（於・于・乎）の下はC（補語）」**と理解していれば、「此」はC（補語）で、「ニ・ト・ヨリ（モ）」の送り仮名の中から最もしっくりくるものを選んで読めばよいとわかります。「置於此。」は「ここに置く。」が自然です。日本語の順番で読む場合は、このようにC「此」を読んでからV「置」は最後に読むので、返り点をつけるならば「置二於此一。」となることもわかります。

「王与臣剣。」は、「与（フ）」が動詞でVになりそうです。そうすると、上の「王」がS。動詞の下に「臣」（＝目上の人に対する「私」の意味の一人称）と「剣」の2つの名詞の塊があります。**置き字がないので、「CO」の順番になっている**と考えられ、「臣」がC、「剣」がOです。「臣」には「ニ・ト・ヨリ（モ）」から適切なものを、「剣」には「ヲ」の送り仮名をおくります。以上を踏まえると、白文「王与臣剣。」を自力で「王が私に剣を与える。」と訳せます。

「見蝶於園中。」は、「見（ル）」が動詞でV、下には「蝶」と「園中」の2つの名詞の塊と置き字「於」があります。よって、「(S) V O 於 C」の語順より、「蝶」がO、「園中」がC。それぞれに送り仮名を送ると、「蝶を園中に見る。」と訳せます。

このように、語順を理解していると、白文を日本語として解釈することができるのです。

PRACTICE

次の傍線部の文の要素(S、V、O、C)を、傍線の右横にそれぞれ書け。

① 皆酔。

▼ 皆(S) 酔(V)。

(「酔」が動詞でV。上の「皆」はS。)

書 皆酔ふ。 訳 みんなが酔う。

② 至於斯《ここ》。

▼ 至(V) 於 斯(C)。

(「至」が動詞でV。「於」の下はC。)

書 斯に至れり。 訳 このようになった。

③ 君子学道。

▼ 君子(S) 学(V) 道(O)。

(「学」が動詞でV。Vの下はO。)

書 君子道を学ぶ。 訳 君子が道理を学ぶ。

④ 柳子《りうし》載肉于俎《そ》。

ヒント！ 柳子＝人名。
俎＝まな板の形をしたお膳。

▼ 柳子(S) 載(V) 肉(O) 于 俎(C)。

(「載」が動詞でV。「于」の上はO、下はC。)

書 柳子《りゅうし》肉を俎に載す。

訳 柳子は肉をまな板の形をしたお膳に載せた。

白文は、Vから探します。**置き字（於・于・乎）の下がC**になることもポイントです。置き字がなければ、Vの下はOで、解釈する際には「～**を**」をつけて訳します。

チェック！

その他の語順

先ほど学習した語順は、あくまでも「基本形」で、そうなる可能性が高いという語順です。

たとえば、「SVC」や「SV**於**O」のような語順もあれば、「SVC1**於**C2」のような語順もあります。よって、基本形で確認してみて、どうしてもおかしい場合は、**OとCが逆転しているか**もしれません。ただ、どちらが多いのかを知っておくと、確認するのも正しく読むのも速くなるので、基本形を知っておくことは無駄ではありません。基本形から確認してみて、おかしいと思ったならば、「～ヲ」や「～ニ・ト・ヨリ（モ）」の送り仮名を逆にして確認しなおしましょう。

ちなみに、「SVC1於C2」の「C2」は、**Vが行われる場所**です。「S（は）C1にC2にV」と読み、「SはC1にC2でVする」と訳します。

語順の基本形は以上ですが、実際の漢文では、さらに他の構成要素が入っている長い文もたくさんあります。「SとVの間に入るもの」と「文末につくもの」を確認しておきましょう。

SとVの間に入るもの

SとVの間に入るものとして次の4つを押さえておきましょう。まだ習っていないものもありますが、ひとまず目を通して、**赤字の語**と、これらは「**SとVの間に入る**」ということを押さえてください。

POINT

SとVの間に入るもの

① 副詞　「嘗《かつテ》」「遂《つひニ》」「已《すでニ》」など。

② 助動詞　打消「不《ず》」／使役「使《しム》」など。　※断定「也《なり》」は文末。

③ 再読文字　Chapter 3で詳細学習。

④ 前置詞を含む句　「与《と》二○○一」「自《より》二○○一」など。

これらはSとVの間に入るのですが、「S」が省略されている場合もあるので、**Vの上に何かあるのにSでなければ①〜④のどれか**だということです。

ところで、漢文では、同じ漢字が違う品詞で使われることが多くあり、同じ漢字なのに、読み方も意味もまったく違うものがあります。たとえば、「嘗」という文字は、**副詞**であれば「**かつテ**」と読み「**以前に**」の意味、**動詞**であれば「**なム**」と読み「**なめる**」の意味です。白文で「**嘗読**」とあった場合、「読」が動詞でVだと考えられます。「嘗」は主語ではなさそうなこと、**Vの上にあることから副詞「かつテ」**だと判断でき、「**以前に**読んだ」と訳せます。一方、「**嘗**肝」だと、「肝」はVにはならなさそうなので**「嘗」が動詞で「なム」**（なめる）です。**動詞の下にある「肝」はO**なので、「肝**をなめる**」と訳せます。語順をきちんと理解しているからこそ、このように、同じ漢字で違う品詞がある文字を含む白文も正しく訳せるのです。

さて、話を「SとVの間に入るもの」に戻します。

①副詞は読み単語として入試頻出です。**ミニブック**の巻末に、頻出の副詞の読みと意味も掲載していますので、何度も見て覚えてください。②助動詞と④前置詞を含む句は、この後「返読文字」のところでいくつか紹介します。さらに、②助動詞は**Chapter 4**から**Chapter 8**

で、③再読文字は**Chapter 3**で学習します。今は**「副詞・助動詞・再読文字・前置詞を含む句は、SとVの間に入る（Vの上にある）」**ということを押さえておきましょう。

文末につくもの

断定の助動詞「也《なり》」や、**疑問・反語・詠嘆**などを表す「乎」「哉」などは文末につきます。

（S）（助動詞）（V）（断定の助動詞）

㊥ 勢《いきほヒ》不《ざ》レ同《ジカラ》也《なり》。 ▼書 勢ひ同じからざればなり。

訳 権勢が同じではないからである。

返読文字

返読文字とは、語順の基本に関係なく下から返って読む文字です。たとえば、「本が有《あ》る」を漢文で書くならば、通常「SV」の語順に従い「本有」となるはずですが、「有」は返読文字で、必ず下から返って読むと決まっています。したがって、「有本」と書きます。つまり、「何が（あるのか）」を示すS（主語）は、V（述語）「有」よりも下にあり、「V（〜）S」となります。

このような返読文字として覚えておくべきものは、「有・無」「難・易」「多・少」の反対語3セット、**断定「也《なり》」以外の助動詞**、前置詞「与《と》」などで、けっこうたくさんありますが、大雑把にポイントとしてまとめておきます。

POINT

押さえておくべき返読文字

① 「有・無」「難・易」「多・少」の反対語3セット

② **断定「也《なり》」以外の助動詞**

例 打消「不《ず》」／使役「使《しム》」／受身「見《る》・見《らル》」／可能・許可など「可《べシ》」／比況「如《ごとシ》・若《ごとシ》」

③ **前置詞**

例 「与《と》」「為《ためニ》」「自《より》・由《より》・従《より》」

④ **その他**

例 「所《ところ》」／逆接「雖《いへども》」／理由「所以《ゆゑん》」

②・③・④は、返読文字であるということとともに、**読み方や意味も重要**です。同じ読み方の漢字を選択肢から選ばせる問題なども出題されますので、**前置詞「自・由・従」はセットで**

「より」と読むと押さえておくとよいです。②に関しては、今後の該当する句法で学習しますが、③・④はこの機会に覚えてしまいましょう。

PRACTICE

次のア・イのうち、語順が正しいものをそれぞれ選べ。なお、返り点を省略している箇所もある。

① **ア** 犬有リ。　**イ** 有リレ犬。

▼イ（「有」は返読文字。Sは下にある。）
書 犬有り。 訳 犬がいる。

② **ア** 多シレ人。　**イ** 人多シ。

▼ア（「多」は返読文字。Sは下にある。）
書 人多し。 訳 人が多い。

③ **ア** 不《ず》知ラ。　**イ** 知ラ不《ず》。

▼ア（「不」は打消の助動詞。助動詞はV「知」の上にあり、下から返って読む返読文字。）
書 知らず。 訳 知らない。

④ **ア** 男夫人与《と》語ル。　**イ** 男与《と》夫人語ル。

▼イ（前置詞「与《と》」は返読文字。「夫人と」の「夫人」は「与」の下にある。）
書 男夫人と語る。 訳 男が夫人と語る。

③は、日本語では「知らない」というように、動詞の下に打消の「ない」をつけますが、漢文では**打消の助動詞**「**不《ず》**」**はSとVの間に入り**（SがなければVの上にあり）ます。また、断

定「也」以外の**助動詞**は**返読文字**なので、必ず下から返って読みます。よって、漢文では「不レ知ラ」が正しい語順です。

④「男与《と》夫人語」の語順を確認しましょう。「語」が動詞（V）で、上にたくさん文字があります。このような場合は、S以外にも語句があると考え、「**与**《と》」があることから、**前置詞を含む句がSとVの間にある**とわかります。「**与**《と》」は**返読文字**なので、「○○と」の「○○」は「与」の下にあり、下から返って読みます。したがって、この場合は「与夫人」ですから「夫人と」です（返り点をつけるならば「与ニ夫人一」）。「男」はSです。白文だとしても、語順や返読文字を理解できていれば、「男が夫人と語る」と正しく解釈できます。

要点整理

※V（述語）は主に動詞だが、形容詞や形容動詞、名詞がくることもある。

1 語順の基本形

S（主語）は省略されることがある▼V（述語）から探すことがポイント

SVO
Vの下の1つの塊はO（目的語）。「～ヲ」の送り仮名をおくる。

例 王得剣。 ▼訳 王が剣を得た。

SV於C
置き字（於・于・乎）の下はC（補語）。「～ニ・ト・ヨリ（モ）」の送り仮名をおくる。

例 置於此。 ▼訳 ここに置く。 ※「於」は「于」「乎」の場合もある。

SVCO
Vの下に2つの名詞の塊があり、置き字（於・于・乎）がなければCOの順になる。

例 王与臣剣。 ▼訳 王が私に剣を与える。 ※「臣」＝一人称。「私」。

SVO於C
Vの下に2つの名詞の塊があり、置き字（於・于・乎）があれば、置き字の上がO、下がC。

例 見蝶於園中。 ▼訳 蝶を園中に見る。

2 SとVの間に入るもの

① 副詞 「嘗《かつテ》」「遂《つひニ》」「已《すでニ》」など。

② 助動詞 打消「不《ず》」／使役「使《しム》」など。 ※断定「也《なり》」は文末。

③ 再読文字 **Chapter 3**で詳細学習。

④ 前置詞を含む句 「与《と》ニ○○」「自《より》ニ○○」など。

3 押さえておくべき返読文字

① 「有・無」「難・易」「多・少」の反対語3セット

② **断定「也《なり》」以外の助動詞**

例 打消「不《ず》」／使役「使《しム》」／受身「見《る》・見《らル》」／可能・許可など「可《ベシ》」／比況「如《ごとシ》・若《ごとシ》」

③ **前置詞**

例 「与《と》」「為《ためニ》」「自《より》・由《より》・従《より》」

④ その他

例 「所《ところ》」／逆接「雖《いへどモ》」／理由「所以《ゆゑん》」

重要事項はコレダケ！

一問一答

動画で暗唱！

赤シートでチェック！

	問	答
01	白文を解釈する場合は何から探す？	V（述語）
02	語順の基本形において、Vの上は何？	S（主語）
03	語順の基本形において、置き字（於・于・乎）の下は何？	C（補語）
04	語順の基本形において、Vの下が1つの塊であれば何？	O（目的語）
05	O（目的語）の送り仮名は何？	～ヲ

06
C（補語）の送り仮名は何？

〜ニ・ト・ヨリ（モ）

07
語順の基本形において、Vの下に2つの名詞の塊がある場合、何を目安に語順を判断する？

置き字（於・于・乎）

08
語順の基本形において、Vの下に2つの名詞の塊があり、置き字（於・于・乎）がない場合の語順は？

SVCO

09
語順の基本形において、「SV①於②」の場合、①と②は何？

①O（目的語） ②C（補語）

10
SとVの間に入る4つは何？
副詞　助動詞（断定「也《なり》」以外）
再読文字　前置詞を含む句

11
「返読文字」とは？
語順の基本に関係なく下から返って読む文字

12
「返読文字」の中で、反対語で覚えておくと便利な3セットは？
「有・無」「難・易」「多・少」

13
「也」以外の助動詞はVの上にある？　下にある？
上

14
前置詞「与」は何と読む？
と

15
前置詞「自・由・従」は送り仮名も含めて何と読む？
より

16

「所以」は歴史的仮名遣いで何と書く？

ゆゑん

基本練習

（解答と解説は別冊P003）

1

次の傍線部の文の要素（S、V、O、C、副（＝副詞）、助（＝助動詞））を、傍線の右横にそれぞれ書け。なお、返り点や送り仮名を省略している箇所もある。

50点（各5点）

1 屈原《くつげん》 遊 於 江潭《かうたん》。

ヒント！ 屈原＝楚の国の王族。 江潭＝川の淵。

2 濯《あら》フ 吾ガ 足。

3 漁夫 笑。

ヒント！ 漁夫＝漁師。

4 傭《やと》フ 一夫 於 家。

5 若《なんぢ》 知 其ノ 職 乎《か》。

6 我 鬼ナリ。

7 不《ざ》ルレ為《な》サレ之《これ》也。

8 我已忘言。

ヒント！ 言＝言葉。

9 有レ吏《り》夜捉《とら》フレ人。

ヒント！ 吏＝役人。

10 不レ見来者。

ヒント！ 来者＝未来の人々。

2 次の文字が返読文字であればA、返読文字でなければBとそれぞれ書け。

20点（各2点）

1 也《なり》

2 無シ

3 使《し》ム

4 嘗《かつ》テ

5 自《よ》リ

6 遂《つひ》ニ

7 哉《かな》

8 雖《いへど》モ

9 兮

10 与《と》

1	6
2	7
3	8
4	9
5	10

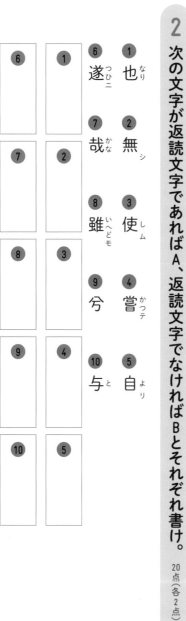

3 次の文をそれぞれ書き下し文にせよ。なお、返り点や送り仮名を省略している箇所もある。

30点（各5点）

1 聞声。

2 有リ過《あやま》チ。

3 荘子《さうし》釣ル二於濮水《ぼくすい》一。

ヒント！ 濮水＝川の名前。

4 不《ず》見長安。

5 王与《と》臣飲酒。

6 王与姫花。

SCORE
/100点

Chapter

3 再読文字

講師　岡本梨奈

授業動画へアクセス

Chapter 3 以降では、いよいよ「句法」を学習していきます。ここまでに学んできたことは、漢文を日本語として理解するための土台となる部分です。それらを踏まえた上で、漢文特有の句法を理解しないことには、漢文は正しく読めないのです。言い換えると、土台と句法が理解できれば、入試漢文に取り組めるようになるのです。みなさんは、もう土台は完成しているので、あとは句法です！ ここから句法をしっかり身につけていきましょう。今回は入試頻出の再読文字を学習します。

再読文字

再読文字とは、「再び読む」という名前の通り、1回読んで、後で下から戻ってきて再度読む文字です。たとえば、「未学習」とは「まだ学習していない」ことです。訓点をつけると「未《ダ》二学習《セ》一」、書き下し文は「未だ学習せず」となります。「未」には二点がついていますが、まずは返り点を無視して、「**いまダ**」（＝まだ）と読み、下の「学習セ」を読んでから、再度戻って「ず」（＝ない）と読むのです。このように、**返り点を無視して1回目を読み、2回目は返り点に従って読む文字**が再読文字です。再読文字を学習する際のポイントは、その**漢字を見て再読文字だと理解できるようにすること、また、読み方と訳し方、2回目の読みの直前の形を覚えること**です。次のポイントにまとめましたので、7グループ10文字を押さえましょう。

POINT 再読文字

未 読 いまダ〜（未然形）ず 訳 まだ〜ない

将・且 読 まさニ〜（未然形ント）す 訳 今にも〜しようとする

当・応 読 まさニ〜（※終止形）ベシ 訳 当然〜すべきである・きっと〜だろう

※ラ変型の場合は連体形（以下の「終止形」も同じ）。

宜 読 よろシク〜（※終止形）ベシ 訳 〜するのがよい

須 読 すべかラク〜（※終止形）ベシ 訳 必ず〜する必要がある

猶・由 読 なホ〜（体言ノ or 連体形ガ）ごとシ 訳 まるで〜のようだ

盍 読 なんゾ〜（未然形）ざル 訳 どうして〜しないのか・〜したらよいではないか

再読文字を書き下し文にする場合、**1回目の読みは漢字、2回目の読みは平仮名**にします。

語順としては、**S（主語）とV（述語）の間**（Vより上）にあります。

例 宜《シク》《シ》レ書《ク》。 ▼書 宜しく書くべし。 訳 書くほうがよい。

ちなみに、2回目の読みの直前の形は、古文文法の接続と同じです。「ず」の直前は未然形です。「〜ントす」の「ン」は、助動詞「む」です。よって、「ン」の直前も未然形。「ベシ」の直前は終止形ですが、ラ変型の場合は連体形にします。「ごとシ」の場合は、「体言の」か「連体形が」となります。「ざル」は「ず」が活用したものなので、「ざル」の直前も未然形です。

「**将・且**」と「**当・応**」の1回目の読みが「**まさニ**」です。「**将・且**」の2回目の読み「〜(**ント**)す」の「**ン**」は先ほどもお伝えしたように、古文の助動詞「**む**」で、「む」の意味は**未来**推量です。つまり、これからのことで「**今にも〜しようとする**」となります。「**当・応**」の2回目の読み「〜**ベシ**」も、古文の助動詞「**べし**」と同じく**強い**推量の意味で、**当然**の意味もあります。ですから、「**当然〜すべき**」「**きっと〜だろう**」となります。

また、「**当・応**」「**宜**」「**須**」の2回目の読みが「**ベシ**」です。古文の助動詞「べし」には**適当**の意味もあり、「**宜**」が**適当**で「**〜するのがよい**」という意味です。「**須**」は1回目の読み「**すべかラク**」を押さえることがポイント。意味は「必須」という熟語から想像しやすいはずです。

PRACTICE

次の文を書き下し文にして現代語訳せよ。なお、送り仮名を省略している箇所もある。

① 未レ書。

▼［書］未だ書かず。 ［訳］まだ書かない。
（「ず」の直前は未然形なので「書か」）

② 須二学問一ス。

▼［書］須らく学問すべし。 ［訳］必ず学問をする必要がある。
（「須」の読みは「すべからく〜べし」）

③ 猶レ魚。

▼［書］猶ほ魚のごとし。 ［訳］まるで魚のようだ。
（「魚」は体言なので「〜のごとし」）

④ 盍レ言ハ。

▼［書］盍ぞ言はざる。 ［訳］どうして言わないのか。
（「盍」は「なんぞ〜ざる」と読み、「どうして〜ないのか」と訳す）

②「学問」に、送り仮名がついておらず、自分で動詞の読み方を考えなければいけない場合は、ひとまず「〜す」というサ変の複合動詞にして考えるとよいです。

④「言」に、送り仮名がついていなかったとしても、古文と同じように終止形は「言ふ」です。ここでは「ザル」に続くように未然形にしなければいけないので、「言は」となります。

要点整理

1 再読文字

未　読 いまダ〜（未然形）ず　訳 まだ〜ない

将・且　読 まさニ〜（未然形ント）す　訳 今にも〜しようとする

当・応　読 まさニ〜（※終止形）べシ　訳 当然〜すべきである・きっと〜だろう

※ラ変型の場合は連体形（以下の「終止形」も同じ）。

宜　読 よろシク〜（※終止形）べシ　訳 〜するのがよい

須　読 すべかラク〜（※終止形）べシ　訳 必ず〜する必要がある

猶・由　読 なホ〜（体言ノ or 連体形ガ）ごとシ　訳 まるで〜のようだ

盍　読 なんゾ〜（未然形）ざル　訳 どうして〜しないのか・〜したらよいではないか

2 再読文字の書き下し文

1回目の読みは漢字、2回目の読みは平仮名にする。

3 再読文字の語順

S（主語）とV（述語）の間（Vより上）にある。

重要事項はコレダケ！

一問一答

動画で暗記

01 再読文字「未」の読みは？
いまだ〜ず

02 再読文字「未」の訳は？
まだ〜ない

03 再読文字「将・且」の読みは？
まさに〜（んと）す

04 再読文字「将・且」の訳は？
今にも〜しようとする

05 再読文字「当・応」の読みは？
まさに〜べし

赤シートでチェック！

06 再読文字「当・応」の訳は？

当然～すべきである・きっと～だろう

07 再読文字「宜」の読みは？

よろしく～べし

08 再読文字「宜」の訳は？

～するのがよい

09 再読文字「須」の読みは？

すべからく～べし

10 再読文字「須」の訳は？

必ず～する必要がある

11 再読文字「猶・由」の読みは？

なほ《お》～（体言の or 連体形が）ごとし

12 再読文字「猶・由」の訳は？

まるで〜のようだ

13 再読文字「盍」の読みは？

なんぞ〜ざる

14 再読文字「盍」の訳は？

どうして〜しないのか・〜したらよいではないか

15 再読文字を書き下し文にする場合、1回目の読みは漢字？　平仮名？

漢字

16 再読文字を書き下し文にする場合、2回目の読みは漢字？　平仮名？

平仮名

基本練習

（解答と解説は別冊P005）

1 再読文字「応」と同じ読み方をするものを、次の中から1つ選べ。

ア 将　イ 須　ウ 盍　エ 当　オ 猶

3点

2 再読文字「且」と同じ読み方をするものを、次の中から1つ選べ。

ア 将　イ 須　ウ 盍　エ 当　オ 猶

3点

3 「いまだきやうをうかがはず」をもとの漢文に直したときに、返り点のつけ方が適当なものを、次の中から1つ選べ。

5点

ア 未レ窺レ於レ境。

イ 未窺二於境一。

ウ 未レ窺二於境一。

エ 未二窺於境一。

オ 未二窺於一レ境。

4 「いままさにろんごのしよをもつてしよくんとあひしたがひてまなばんとす」をもとの漢文に直したときに、返り点のつけ方が適当なものを、次の中から1つ選べ。

5点

ア 今将レ以二論語之書一与レ諸君一相従学。

イ 今将レ以二論語之書一与二諸君相従学一。

ウ 今将下以二論語之書一与中諸君上相従学。

エ 今将下以三論語之書与二諸君一相従学上。

オ 今将下以二論語之書一与二諸君一相従学上。

5

次の文をそれぞれ書き下し文にして現代語訳せよ。なお、送り仮名を省略している箇所もある。

84点（各6点）

1 盍レ行レ此《これ》。

ヒント！ 行＝終止形は「行ふ」。

書

訳

2 且レ死。

ヒント！ 死＝終止形は「死す」。

書

訳

3 当二学問一。

書

訳

4 未レ寝。

書

訳

5 由レ笑。

書

訳

6 須レ与二汝書一。

ヒント！ 汝＝あなた。 書＝書物。

書

訳

7 宜二速ヤカニ改レ之《これ》。

書

訳

SCORE

/100点

Chapter

4 否定

講師　岡本梨奈

授業動画へアクセス

Chapter 4では「否定」を学習します。「否定」は**返読文字**で、下から戻って「〜ない」と訳します。つまり、**下の内容を否定**します。「単純否定」「不可能」「二重否定」「全部否定・部分否定」「その他の否定」の5つのパートに分けて学びます。「下の内容を否定する」ことと「単純否定」が否定の土台です。これをしっかり押さえておくと、他の否定の学習がだいぶラクになります。それでは、土台である単純否定から見ていきましょう。

単純否定

「不」「無」「非」系の3グループに分けて、それぞれの**漢字と読み方、訳し方、何の否定なのかを押さえる**ことがポイントです。

POINT **単純否定**

不・弗　読 **ず**　訳 **〜(し)ない**　**動作の否定**

無・莫・毋・勿　読 **なシ**　訳 **〜(が or は)ない**　**存在・所有の否定**

※「なカレ」と読んでいたら「〜するな」という禁止。

非・匪

読（～ニ）あらズ 訳～（では）ない

状態・内容の否定

何の否定なのかは、それぞれ「**不休**」「**無敵**」「**非番**」などを例に覚えておくと便利です。

「不休」は下の内容「休」を否定し、「休まない」という意味になるので、動作（動詞）の否定とわかります（基本的に下は動詞で、**未然形**にします。もし動詞ではなくても、下の内容を否定していることは同じです）。「**弗**」は「**不**と同じ」と理解しておきましょう。

「無敵」も下の内容「敵」を否定し、「敵**が**いない」ですから、存在の否定とわかります（基本的に下は名詞ですが、活用語の場合は**連体形**にします）。「**莫・毋・勿**」も「**無**と同じ」と理解しておきましょう。また、これらを「**なカレ**」と読んでいる場合は、「否定」ではなく「**禁止**」です（「勿」は禁止で用いられることが多いです）。

「非番」も下の内容「番（当番）」を否定し、「当番**では**ない」という意味になるので、状態の否定とわかります。「非」は「あらズ」と読みますが、**直前の送り仮名が「ニ」**であることがポイントです。古文文法を理解している人は、「～**ニあら**ズ」の「**ニ**」は**断定**の助動詞「なり」の連用形だとわかりますね。そうすると、断定「である」の否定ですから、「～ではない」と訳すことがわかります。「**匪**」も同じです。

不可能

「**できない**」と訳す3つの形は、**読み方**が重要です（できない理由は参考程度でOK）。

POINT **不可能**

※「不」は返読文字なので、白文でも「下から返って読む」とわかる。

不可 読 **べカラず**（許可がおりなくてできない）
不能 読 **あたハず**（能力的にできない）
不得 読 **（〜ヲ）えず**（機会がなくてできない）

「不可」の「可」は助動詞「べシ」で、「ず」の直前は未然形なので「**べカラず**」と読みます。「べカラず」の直前は**終止形**（ラ変型は連体形）です。「**不能**」は読みが頻出。「能」が単独で「できる」のときは「**よク**」、「できない（不能）」のときは「**あたハず**」と読み、読み方が全然違うからです。「あたハず」の直前は**連体形**で、送り仮名に「コト」がついている場合もあります。「**不得**」は「**えず**」と読み、直前の送り仮名が「**ヲ**」です。その前は**連体形**で、送り仮名に「コト」がついている場合もあります（「不レ得二名詞ヲ一」のように、下が名詞であれば不可能ではなく、「名詞を手に入れない」という動詞「得」の否定です）。

二重否定

二重否定とは「無不」や「無非」などのように、**否定を2つ重ねて用いているもので、意味は「強い肯定」**になります。二重否定は読み方と訳し方が大切なのですが、**「下の内容を否定する」ということと単純否定の知識を使うと、必死に覚えなくても、その場で読み方も訳し方もわかる**のです。

たとえば、「無不A」と白文だとしても、否定は下から戻って読むので、「A→不→無」の順番に読むことがわかります。「不」の終止形の読みは「ず」ですが、漢文の場合、「ず」の**連体形**は「**ざる**」、**已然形**《いぜん》は「**ざれ**」のみで活用します。「無」の直前は**連体形**になるので、「**ざルなシ**」と読みます（「ざルハなシ」と「ハ」が入っている場合もあり）。訳し方は、「不」は「〜**し**ない」、「無」は「〜**は**ない」なので、下から訳していくと「A**し**ないもの**は**ない」となります。これまでの知識を使うと、文字を見ながらその場でわかるのです。

次のポイントで、二重否定の読み方と訳し方をまとめたものを紹介しますが、丸暗記は不要であることがわかりますね。それぞれ単純否定を踏まえた読み方、訳し方であることと、下から戻っていることを意識しながら、目で追って確認していきましょう。その目線で考えれば、その場で自分で読んだり訳したりすることができるかどうかも確認してください。また、強い肯定の訳も、直訳がわかれば理解できるはずなので、必死に覚える必要はありません。

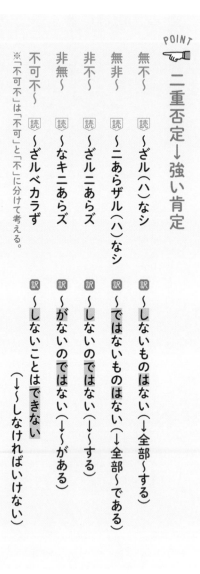

POINT
二重否定→強い肯定

無不～　読 ～ざル（ハ）なシ　訳 ～しないものはない（→全部～する）
無非～　読 ～ニあらザル（ハ）なシ　訳 ～ではないものはない（→全部～である）
非不～　読 ～ざルニあらズ　訳 ～しないのではない（→～する）
非無～　読 ～なキニあらズ　訳 ～がないのではない（→～がある）
不可不～　読 ～ざルべカラず　訳 ～しないことはできない（→～しなければいけない）
※「不可不」は「不可」と「不」に分けて考える。

断定「ニ」の直前は、古文文法と同じように**連体形**にします（活用が形容詞型の場合、断定の助動詞は本活用「～き」に接続するので「無き」です）。

なお、書き下し文にする場合は、「不」や「可」は助動詞なので平仮名にしましょう。一方、

「無」や「非」は漢字で「無し」「非ず」です。

PRACTICE

次の白文を書き下し文にして現代語訳せよ。なお、訳は直訳でかまわない。

① 非不思。
② 無不逃。
③ 非無人。
④ 不可不行。

▼書 思はざるに非ず。 訳 思わないのではない（→思う）。
（「不」の直前は未然形なので「思は」）

▼書 逃げざる（は）無し。 訳 逃げないものはいない（→皆逃げる）。
（「逃」は下二段活用で、未然形は「逃げ」）

▼書 人無きに非ず。 訳 人がいないのではない（→人がいる）。
（断定「に（なり）」は形容詞本活用「〜き」に接続するので「無き」）

▼書 行かざるべからず。 訳 行かないことはできない
（→行かなければいけない）。
（「不可不」の書き下し文は平仮名で「ざるべからず」）

動詞の活用の種類は、基本的に古文と同じように考えます（ただし、「死」はサ変「死す」）。
よって、②の「逃」は「逃げ（ず）」→下二段活用です。

全部否定・部分否定

全部否定とは、「いつもない」のように全部を否定しており、部分否定とは「いつもないとは限らない」のように、「あるときもあれば、ないときもある」と部分を否定したものです。

全部否定と部分否定の見た目は、たとえば「常不A」「不常B」のように、上下がひっくり返っているだけなので、どっちだったか混乱してしまう人も少なくないのですが、これも**「下の内容を否定する」**ということを押さえていれば、とても簡単に判別できるようになります。

「常不A」では「不」の下のAを否定しており、「常（いつも）」は否定していません。イメージとしては「常／不A」と区切れて「いつも／Aない」となり、「いつもAしない」という全部否定です。一方、**「不常B」の「不」は、下の「常（いつも）」を否定している**とイメージしてください。そうすると、意味は「いつもではない」となり、「いつもBするとは限らない」という部分否定とわかります。これらの読み方は、全部否定が「**つねニAセず**」、部分否定が「**つねニハBセず**」で、部分否定には送り仮名に「ハ」を入れて読むことがポイントです。ただし、部分否定にはいつも「ハ」を入れるというわけではありませんので気をつけましょう。

他の全部否定と部分否定を見ていく前に、これらの句法中によく用いる副詞のうち、次の4種類の副詞の読み方と意味を理解しておくと効率的です。

POINT

全部否定・部分否定の理解のために押さえておくべき副詞

倶　読 ともニ　意 両方とも
尽・悉　読 ことごとク　意 すべて
甚　読 はなはダシク　意 とても
復　読 まタ　意 再び

他に「常」（読 つねニ　意 いつも）や「必」（読 かならズ　意 必ず）も用いますが、これらは現代語でも使うのでわかりますね。ポイントの4種類もこれらと同じように、**漢字を見て読みと意味がわかる**ようにしましょう。

さて、それでは「全部否定・部分否定」を次のポイントでまとめておきます。たくさんありますが、セットで押さえて、意味は「下の内容を否定」で考え、副詞の読みと意味を理解していればその場で正しく解釈できるはずです。丸暗記は一切不要ですが、覚えておくべきポイントは、部分否定の読みで「追加する文字」です（追加なしの場合もあります）。

POINT

全部否定・部分否定

※「A(セ)」「B(セ)」は未然形。

①

全 常不A 読 つねニA(セ)ず 訳 いつもAしない

部 不常B 読 つねニハB(セ)ず 訳 いつもBするとは限らない

②

全 倶不A 読 ともニA(セ)ず 訳 両方ともAしない

部 不倶B 読 ともニハB(セ)ず 訳 両方ともはBしない(片方はする)

③

全 尽不A 読 ことごとクA(セ)ず 訳 すべてAしない

部 不尽B 読 ことごとクハB(セ)ず 訳 すべてBするとは限らない

※「尽」が「悉」でも同じ。

④

全 甚不A 読 はなはダシクA(セ)ず 訳 ひどくAしない

部 不甚B 読 はなはダシクハB(セ)ず 訳 それほどBするとは限らない

⑤

全 必不A 読 かならズA(セ)ず 訳 必ずAしない

部 不必B 読 かならズシモB(セ)ず 訳 必ずBするとは限らない

⑥

全 復不A 読 まタA(セ)ず 訳 今回もまたAしない

部 不復B 読 まタB(セ)ず 訳 二度とはBしない

(一度はするが二度目はない)

①～④は部分否定のときに「ハ」を、⑤は「シモ」を追加するもの、⑥は全部否定と部分否定が同じ読みのものです。⑤は、現在でも「必ずしも～ない」と使うので覚えやすいはずです。⑥は、読みが同じであることから混乱してしまう人もいるのですが、意味を考えるときには「下を否定する」ことを思い出しましょう。「復」は「再び」の意味で、「復不A」なら「(前も)二回目もAしない」ということで、「今回もまたAしない」という意味です。「不復B」なら「二回目」を否定しているので、「一回目はBしたけれど、二回目はBしない」ということで、「二度とはBしない」という意味です。ちなみに、**「不復B」**には**「それっきりBしない」**と訳す場合もありますが、まずは基本を押さえましょう。

PRACTICE

次の白文を書き下し文にして現代語訳せよ。

① 不必受。
▼書 必ずしも受けず。 訳 必ず受けるとは限らない。
(「不」は下の「必」を否定するので部分否定。)

② 復不飲。
▼書 復た飲まず。 訳 今回もまた飲まない。
(「不」は下の「飲」を否定するので全部否定。前も二回目も飲まない。)

③ 不倶愛。
▼書 倶には愛せず。 訳 両方ともは愛せない。
(「不」は下の「倶」を否定するので部分否定。「愛」はサ変「愛す」。)

その他の否定

その他の否定の句法や、否定の仮定条件などを見ていきましょう。

「未嘗〜」は再読文字「未」と副詞「嘗」（かつテ）で、「いまダかつテ〜ず」と読み、「今まで一度も〜ない」と訳します。これに「不」がついた「未嘗不〜」は、「いまダかつテ〜ずンバアラず」と読みます。「不」から2回目の「未」の読み「ず」に戻るときの読み方がポイントで、「〜**ずンバアラず**」と読みます。意味を考えるときは、「未嘗」と「不」に分けて「下の内容を否定する」を使うと、「〜**し**ないことは**今まで一度もない**（↓いつも必ず〜する）」とその場でわかるので暗記不要です。

次に「不敢〜」は、副詞「敢」（あヘテ）を用いる否定で、「あヘテ〜ず」と読み、「決して〜ない」と訳します。これに「不」がついた「不敢不〜」は、「あヘテ〜ずンバアラず」と読み、「不敢」と「不」に分けて下から戻って訳すと、「〜**し**ないことは**決してない**（↓必ず〜する）」とわかるので、こちらも暗記不要です。

他の否定の句法も最後のポイントにまとめておくので、読み方と訳し方を押さえましょう。

そして、読解する上で知っておくべきなのが、**否定の文字が少し離れて2つ使用されており、上の否定の送り仮名が「〜ンバ」か「〜レバ」の場合は、上が否定の仮定条件**ということです。

次の例で確認してください。

例 **無**《クンバ》二褒美一、**不**レ為《なサ》。 ▼ 書 褒美無くんば、為さず。

訳 褒美が**ないならば**、しない。

「無クンバ」が「無ケレバ」となっていても同じです。

また、「無〜、不…。」の「無」の漢字が「不」で、「**ずンバ**」や「**ざレバ**」と読む場合は、「**〜しないならば**、…しない。」と訳し、「非」で「**あらズンバ**」や「**あらザレバ**」と読む場合は、「**〜ではないならば**、…しない。」と訳します。下の「不」が「無」になっていれば、訳の最後が「〜しない。」ではなく、「〜**は**ない。」になるだけです。単純否定がわかっていれば、その場で臨機応変に訳せるはずです。

POINT

その他の否定

未嘗〜 読 いまダかつテ〜ず 訳 今まで一度も〜ない

未嘗不〜 読 いまダかつテ〜ずンバアラず 訳 〜しないことは今まで一度もない（↓いつも必ず〜する）

不敢〜 読 あヘテ〜ず 訳 決して〜ない

不敢不〜 読 あヘテ〜ずンバアラず 訳 〜しないことは決してない（↓必ず〜する）

無二A不一レB 読 AトシテB（セ）ざルハなシ 訳 BしないAはない（↓Aなら必ずBする）

無二A無一レB 読 AトシテBなキハなシ 訳 BがないAはない（↓Aには必ずBがある）
※AとBは対義語ではない。

無レA無レB 読 AトなくBトなく 訳 AとBの区別なく
※AとBが対義語。

※無〜、不…。 読 〜なクンバ（or〜なケレバ）、…ず。 訳 〜がないならば、…しない。

※無〜、無…。 読 〜なクンバ（or〜なケレバ）、…なシ。 訳 〜がないならば、…はない。

※1つ目の「無」が「不」で「ずンバ」「ざレバ」なら、「〜しないならば」と訳す。
※1つ目の「無」が「非」で「あらズンバ」「あらザレバ」なら、「〜ではないならば」と訳す。

「無レA無レB」（AトなクBトなク）は、**AとBが対義語**です。白文であればそれを目安にしてください。**AとBが対義語でなければ**「無二A無レB」（AトシテBなキハなシ）です。

PRACTICE

次の文を書き下し文にして現代語訳せよ。なお、返り点や送り仮名を省略している箇所もある。

① 不敢言。

▼ 書 敢へて言はず。 訳 決して言わない。
（「不敢～」は「決して～ない」と訳す）

② 無男無女、

▼ 書 男と無く女と無く、 訳 男女の区別なく、
（「男」と「女」は対義語なので「AトなクBトなク」）

③ 未二嘗不一レ慎マ。

▼ 書 未だ嘗て慎まずんばあらず。
訳 慎まないことは今まで一度もない（→いつも必ず慎む）。
（「不」→「未」の「ずンバアラず」の読みがポイント）

④ 非レズンバ汝ニ、不レ誘ハ。

▼ 書 汝に非ずんば、誘はず。
訳 あなたではないならば、誘わない。
（上の否定「非」の送り仮名が「ズンバ」なので仮定条件）

要点整理

1 単純否定

不・弗　読 ず　訳 〜（し）ない　動作の否定

無・莫・毋・勿　読 なシ　訳 〜（が or は）ない　存在・所有の否定

※「なカレ」と読んでいたら「〜するな」という禁止。

非・匪　読 （〜ニ）あらズ　訳 〜（では）ない　状態・内容の否定

2 不可能

※「不」は返読文字なので、白文でも「下から返って読む」とわかる。

不可　読 べカラず（許可がおりなくてできない）

不能　読 あたハず（能力的にできない）

不得　読 （〜ヲ）えず（機会がなくてできない）

3 二重否定→強い肯定

無不～ 読 ～ざル（ハ）なシ 訳 ～しないものはない（→全部～する）
無非～ 読 ～ニあらザル（ハ）なシ 訳 ～ではないものはない（→全部～である）
非不～ 読 ～ざルニあらズ 訳 ～しないのではない（→～する）
非無～ 読 ～なキニあらズ 訳 ～がないのではない（→～がある）
不可不～ 読 ～ざルべカラず 訳 ～しないことはできない（→～しなければいけない）

※「不可不」は「不可」と「不」に分けて考える。

4 全部否定・部分否定の理解のために押さえておくべき副詞

倶 読 ともニ 意 両方とも
尽・悉 読 ことごとク 意 すべて
甚 読 はなはダシク 意 とても
復 読 まタ 意 再び

5 全部否定・部分否定

※「A（セ）」「B（セ）」は未然形。

①
- 全 常不A　読 つねニA（セ）ず　訳 いつもAしない
- 部 不常B　読 つねニハB（セ）ず　訳 いつもBするとは限らない

②
- 全 倶不A　読 ともニA（セ）ず　訳 両方ともAしない
- 部 不倶B　読 ともニハB（セ）ず　訳 両方ともはBしない（片方はする）

③
- 全 尽不A　読 ことごとクA（セ）ず　訳 すべてAしない
- 部 不尽B　読 ことごとクハB（セ）ず　訳 すべてBするとは限らない

※「尽」が「悉」でも同じ。

④
- 全 甚不A　読 はなはダシクA（セ）ず　訳 ひどくAしない
- 部 不甚B　読 はなはダシクハB（セ）ず　訳 それほどBするとは限らない

⑤
- 全 必不A　読 かならズA（セ）ず　訳 必ずAしない
- 部 不必B　読 かならズシモB（セ）ず　訳 必ずBするとは限らない

⑥
- 全 復不A　読 まタA（セ）ず　訳 今回もまたAしない
- 部 不復B　読 まタB（セ）ず　訳 二度とはBしない（一度はするが二度目はない）

6 その他の否定

未嘗～ 読 いまダかつテ～ず 訳 今まで一度も～ない

未嘗不～ 読 いまダかつテ～ずンバアラず 訳 ～しないことは今まで一度もない（↓いつも必ず～する）

不敢～ 読 あヘテ～ず 訳 決して～ない

不敢不～ 読 あヘテ～ずンバアラず 訳 ～しないことは決してない（↓必ず～する）

無ニA不レB 読 AトシテB（セ）ざルハなシ 訳 BしないAはない（↓Aなら必ずBする）

無ニA無レB 読 AトシテBなキハなシ 訳 BがないAはない（↓Aには必ずBがある）
※AとBは対義語ではない。

無レA無レB 読 AトなクBトなク 訳 AとBの区別なく
※AとBが対義語。

※無～、不…。 読 ～なクンバ（or～なケレバ）、…ず。 訳 ～がないならば、…しない。

※無～、無…。 読 ～なクンバ（or～なケレバ）、…なシ。 訳 ～がないならば、…はない。

※1つ目の「無」が「不」で「ずンバ」「ざレバ」なら、「～しないならば」と訳す。
※1つ目の「無」が「非」で「あらズンバ」「あらザレバ」なら、「～ではないならば」と訳す。

重要事項はコレダケ！

一問一答

動画で暗唱！

01 否定はどこの内容を否定している？

(否定の文字の)下

02 「不」が何の否定かわかるような「〜ない」の形の訳は？

しない

03 「無」が何の否定かわかるような「〜ない」の形の訳は？

がない or はない

04 「非」が何の否定かわかるような「〜ない」の形の訳は？

ではない

05 「非」の直前の送り仮名も含めた読みは？

にあらず

06 不可能を表す「不能」の読みは？

あたはず《わ》

07 不可能を表す「不得」の直前の送り仮名も含めた読みは？

をえず

08 「無不〜」の読みは？

〜ざる(は)なし

09 「非無〜」の読みは？

〜なきにあらず

10 「不可不〜」の読みは？

〜ざるべからず

11 「無非〜」の訳は？

〜ではないものはない(↓全部〜である)

12 「不常〜」は全部否定？部分否定？
部分否定

13 「不甚A」の読みは？
はなはだしくはA（せ）ず

14 「倶不A」の訳は？
両方ともAしない

15 「不復A」の訳は？
二度とはAしない

16 「未嘗不〜」の読みは？
いまだかつて〜ずんばあらず

17 「不敢〜」の訳は？
決して〜ない

18 「不敢不～」の訳は？

～しないことは決してない（↓必ず～する）

19 「無A無B」で、AとBが対義語の場合の訳は？

AとBの区別なく

20 「無A無B」で、AとBが対義語ではない場合の読みは？

AとしてBなきはなし

21 「不レンバAセ、無レシB」の訳は？

Aしないならば、Bはない

基本練習

（解答と解説は別冊P006）

1 次の文字の訳し方として適当なものを、それぞれ後の中から1つずつ選べ。6点（各2点）

❶ 莫　❷ 匪　❸ 弗

ア ～しない
イ ～ではない
ウ ～はない

❶
❷
❸

2 次の文が全部否定であればA、部分否定であればBとそれぞれ書け。4点（各2点）

❶ 尽不食。

❷ 不尽食。

❶
❷

3 次の文をそれぞれ書き下し文にせよ。なお、返り点や送り仮名を省略している箇所もある。

60点（各5点）

❶ 不レ能レ已《や》ム。

❷ 不必愛セラレ。

❸ 吾未二嘗不一レ得レ見《まみ》ユルコトヲ也《なり》。

❹ 莫レ非二其ノ臣一ニ。

5 無賢無不肖、

ヒント！ 不肖＝愚か者。「不肖《ふしょう》」と読み、書き下し文では漢字のままでよい。

6 不敢視《み》。

7 不二常得一レ油。

8 非レ無二草之《の》生ズルコト一。

9 無二国不一レ亡《ほろ》ビ。

10 不㆓復事㆒㆑トセ習㆑フコトヲ字ヲ。

11 不可不告。

ヒント！ 告＝終止形は「告《つ》ぐ」。

12 倶不知。

4

次の文をそれぞれ現代語訳せよ。
なお、返り点や送り仮名を省略している箇所もある。

30点（各6点）

❶ 不㆓敢不㆑用ヒ。

❷ 無不失ハ。

❸ 不㆓常説《よろこ》バ㆒。

ヒント！「説ブ」は「喜ブ」と同じ。

❹ 未㆓嘗読㆑之《これ》ヲ。

5

不レンバ変ゼ、不レ能ハレ進ムコト。

ヒント!

変＝変更する。

SCORE

/100点

Chapter

5 使役・受身

講師　岡本梨奈

授業動画へアクセス

Chapter 5 では「使役」と「受身」を学習します。助動詞であれば古文と同じく使役は「しむ」、受身は「る・らる」ですが、漢文ではそれらを漢字で表す方法と、送り仮名を用いて表す方法があります。受身はその他にもありますが、まずは使役から順に見ていきましょう。

使役──助動詞「しむ」で表す

漢字で表す方法

使役の助動詞「しむ」（しム）は、漢字であれば「使」「令」「遣」などの文字で表します。助動詞はS（主語）とV（述語）の間に置かれ、**返読文字**なので、Vから戻って読みます。使役は次ページのポイントの形で押さえましょう。

POINT

助動詞「しム」を漢字で表した使役の句法

主語 助動詞 使役の対象 述語 目的語

S 使ム二 N Vレ O 読 S **Nヲシテ** OヲVしム 訳 Sは**Nに**OをVさせる

※Vは未然形。

※「使」＝「令」「遣」でも同じ。

例 帝(S)使人(N)抜(V)柵(O)。 ▼ 書 帝人**をして**柵《さく》を抜かしむ。 訳 帝は人**に**柵を抜かせる。

Nは名詞の略で、この使役の句法では「**使役の対象**」（「〇〇にVさせる」の「〇〇」）を表します。**読み方のポイントは、「Nヲシテ」とNの送り仮名が「ヲシテ」になる**ことです。

使役は白文で出題されることが多いのですが、使役の助動詞に気づいたなら、**下をざっと見てVから探す**ことを徹底してください。実は、このポイントの形でいつも出題されるわけではなく、V以外は省略されている場合もあります。ですが、このポイントの形で覚えておき、**助動詞の下を見てVから探すこと**を押さえていれば、どんな形で出題されようが理解できるので安心してください。まずは「S使NVO」という、構成要素の語順をきちんと頭に入れましょう。Vを見つけて、助動詞「しム」とVの間に文字があればN、Vの下に文字があればO（目的語）、助動詞「しム」の上に文字があればSです。次の例で確認しましょう。

例 使**抜**。 ▼この場合は「抜」がV確定です。書 抜かしむ。訳 抜かせる。
使人**抜**。 ▼間にある「人」がN。書 人をして抜かしむ。訳 人に抜かせる。
使**抜**柵。 ▼V「抜」の下の「柵」はO。書 柵を抜かしむ。訳 柵を抜かせる。
帝使**抜**柵。 ▼「使」の上の「帝」はS。V「抜」の下の「柵」はO。
書 帝柵を抜かしむ。訳 帝が柵を抜かせる。

PRACTICE

次の白文を書き下し文にして現代語訳せよ。

① 使読本。
▼書 本を読ましむ。訳 本を読ませる。
（「読」がV。下の「本」はO。未然形は「読ま」。）

② 王遣張良行。
ヒント！ 張良＝人名。
▼書 王張良をして行かしむ。訳 王が張良に行かせる。
（「遣」が使役の助動詞。「行」がV。間の「張良」はN。）

③ 令人言之。
▼書 人をして之を言はしむ。訳 人にこれを言わせる。
（「令」が使役の助動詞。「言」がV。間の「人」はN。「之」はO。）

①「使」が使役の助動詞です。下を見てVを探すと「読」がVとわかります。よって、下の「本」はOです。SとNが省略されているので、誰が誰に読ませたのかは、この文ではわかりません。

②「遣」が使役の助動詞で、その上にある「王」はSです。どこに行かせたのかは不明ですが、「張良」にどこかに行かせたのです。この場合、「行」の下に文字があれば、通常はOで「ヲ」の送り仮名になりますが、今説明したように「どこか**に**行かせる」となるはずなので、その場合は送り仮名は「**ニ**」にすればよいです。自然な送り仮名になるように臨機応変に対応しましょう。

③「令」が使役の助動詞です。「**之**」は助詞「**の**」、名詞「**これ**」、動詞「**ゆク**」の3つの読み方が重要です。ここでは「言」がVで、その下の「之」はOになるので、名詞「之《これ》」と読むことがわかります。

送り仮名を用いて表す方法

使役を暗示する動詞「**命じて**」「**召して**」などを用いて、その動詞よりも下の動詞に送り仮名「**シム**」をつけて使役を表します。「シム」の直前は**未然形**にします。その他の使役を暗示する動詞も含めて、次のポイントにまとめます。

POINT

送り仮名「シム」を用いて使役を表す方法

※Vは未然形。

命ジテVシム　読 めいジテVシム　訳 命令してVさせる

令シテVシム　読 れいシテVシム　訳 命令してVさせる

召シテVシム　読 めシテVシム　訳 お呼びになってVさせる

遣ハシテVシム　読 つかハシテVシム　訳 派遣してVさせる

教ヘテVシム　読 をしヘテVシム　訳 教えてVさせる

もし、使役を暗示する動詞が他のものであったり、使役を暗示するような動詞がなかったりしても、**Vの未然形に送り仮名「シム」がついていれば、「Vさせる」**と使役の意味で訳しましょう。

受身——助動詞「る・らる」や、その他の公式で表す

漢字で表す方法

受身の助動詞「る・らる」（る・らル）は、漢字であれば「見」「被」などの文字で表します。直前は**未然形**ですが、古文と同じく未然形の最後がａ段なら「見《る》」、ａ段以外なら「見《ら》ル」とします。ＳとＶの間、つまり、**Ｖの上に「見」「被」があれば受身から考える**のがポイントです。助動詞は**返読文字**なので、白文でもＶから戻って読むとわかります。

POINT **助動詞「る・らル」を漢字で表した受身の句法**

見レＶ《述語》。 読 **Ｖ《～a》る／Ｖ《～a以外》らル** 訳 **Ｖされる**

※「見」＝「被」でも同じ。Ｖは未然形。

例 見《る》レ笑《ハ》。 ▼ 書 笑**は**る。 訳 笑われる。

例 被《らル》レ信《ぜ》。 ▼ 書 信**ぜ**らる。 訳 信用される。

送り仮名を用いて表す方法

置き字「於・于・乎」の下の名詞が、上のVの動作をする場合、Vに送り仮名「ル」「ラル」をつけて受身を表します。Vの未然形の最後が**a段**なら**「ル」**、**a段以外**なら**「ラル」**です。

POINT **送り仮名「ル」「ラル」を用いて受身を表す方法**

Vル(orラル)二 於 Nニ一 読 **NニVル(orラル)** 訳 **NにVされる**

※「於」＝「于」「乎」でも同じ。Vは未然形。

例 夫(S) 与(V)ヘラル二 於 妻(N)ニ一。▼ 書 夫 妻に与へらる。 訳 夫は妻に与えられる。

※NがVの動作主の場合。

置き字「於」の上のVは「与」で、与えた人物（動作主）が置き字の下の「妻」の場合、このように受身にします。「妻が夫に与えた」のですが、「夫」がSなので「夫は妻に与えられた」と受身にします（ちなみに、もし「夫」が与えたなら「夫与フ二於妻ニ一。」（夫 妻に与ふ。）で「夫が妻に与える」となり、普通に「SV於C」の形です）。また、この形でなかったとしても、**Vの未然形に送り仮名「ル」「ラル」がついていれば「Vされる」**と受身で訳しましょう。

その他の句法を用いて受身を表す方法

「為」と「所」が少し離れて用いられており、**「為」と「所」の間が名詞、「所」の下が動詞**の場合は**受身**の句法です。読み方にも特徴があるので、次のポイントの形で押さえましょう。

POINT **その他の受身の句法**

為ニN所レV　読 **NノVスルところトなル**　訳 **NにVされる**

※「Vスル」は連体形。

例 為ニ人所レ疾ム。▼書 人**の**疾《にく》む所と為る。 訳 人に憎まれる。

読み方のポイントは、「Nノ」とNの送り仮名が「ノ」になることです。

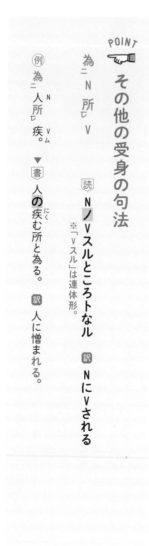

チェック!

助動詞の漢字

受身の助動詞は、「**見**」「**被**」以外に「為」と「所」もありますが、助動詞としてよりも、「為N所V」の句法が圧倒的に出題されます。使役の助動詞も他に「教」「俾」などがありますが、まずは「**使**」「**令**」「**遣**」を押さえましょう。

PRACTICE

次の白文を書き下し文にして現代語訳せよ。

①被言。

▼書 言はる。 訳 言われる。

（「言ふ」の未然形「言は」はa段なので「る」）

②見逃。

ヒント！ 逃＝終止形は「逃《に》ぐ」。

▼書 逃げらる。 訳 逃げられる。

（「逃ぐ」の未然形「逃げ」はa段以外なので「らる」）

③為孔子所教。

ヒント！ 孔子＝人名。

▼書 孔子の教ふる所と為る。 訳 孔子に教えられる。

（「教ふ」の連体形は「教ふる」）

①V「言」の上の「被」は受身の助動詞。助動詞は返読文字で、下から戻って読みます。

②V「逃」の上の「見」は受身の助動詞。助動詞は返読文字で、下から戻って読みます。

③「為」と「所」があり、間の「孔子」は注釈より人名なので名詞、「所」の下の「教」はVと考えられるため、「NのVする所と為る」と読む受身の句法。「教ふ」は下二段活用で、連体形は「教ふる」です。

要点整理

1 助動詞「しム」を漢字で表した使役の句法

主語 助動詞 使役の対象 述語 目的語

S 使ムニ N Vレ O　読 SNヲシテOヲVしム　訳 SはNにOをVさせる

※「使」＝「令」「遣」でも同じ。　※Vは未然形。

例 帝使人抜柵。（S 使 N V O）　▼書 帝人をして柵《さく》を抜かしむ。　訳 帝は人に柵を抜かせる。

2 送り仮名「シム」を用いて使役を表す方法

※Vは未然形。

命ジテVシム　読 めいジテVシム　訳 命令してVさせる

令シテVシム　読 れいシテVシム　訳 命令してVさせる

召シテVシム　読 めシテVシム　訳 お呼びになってVさせる

遣ハシテVシム　読 つかハシテVシム　訳 派遣してVさせる

教ヘテVシム　読 をしヘテVシム　訳 教えてVさせる

3 助動詞「る・らル」を漢字で表した受身の句法

見レV《述語》。 読 Vる（～a）／Vらル（～a以外） 訳 Vされる

※「見」＝「被」でも同じ。Vは未然形。

例 見るV笑ハ。▼書 笑はる。 訳 笑われる。

例 被らルV信ゼ。▼書 信ぜらる。 訳 信用される。

4 送り仮名「ル」「ラル」を用いて受身を表す方法

Vル（orラル）ニ於Nニ一 読 Nニ Vル（orラル） 訳 NにVされる ※「於」＝「于」「乎」でも同じ。Vは未然形。

例 夫S与Vヘラル二於妻Nニ一。▼書 夫 妻に与へらる。 訳 夫は妻に与えられる。

※NがVの動作主の場合。

5 その他の受身の句法

為ニN所レV 読 NノVスルところトなル 訳 NにVされる

※「Vスル」は連体形。

例 為ニ人N所レ疾Vム。▼書 人の疾《にく》む所と為る。 訳 人に憎まれる。

重要事項はコレダケ！

一問一答

動画で暗唱！

赤シートでチェック！

01 使役の助動詞の代表的な3つの漢字は何？

使・令・遣

02 助動詞「しム」を漢字で表した使役の句法の語順は？

S使《助動詞》NVO

03 02の句法の読みは？

SNをしてOをVしむ

04 助動詞「しム」の直前は何形？

未然形

05 使役を暗示する動詞の代表的な5つは何？

命じて・令して・召して・遣はして・教へて

06 受身の助動詞の代表的な2つの漢字は何？

見・被

07 直前がa段であれば、受身の助動詞は何と読む？

る

08 直前がa段以外であれば、受身の助動詞は何と読む？

らる

09 「V於N」の「V」に送り仮名「ル・ラル」をつける場合の条件は？

NがVの動作主

10 「為N所V」の読みは？

NのVするところとなる

11 「為N所V」の訳は？

NにVされる

基本練習

（解答と解説は別冊P008）

1 次の助動詞の中で仲間外れのものを1つ選べ。

〔ア 遣　イ 見　ウ 令　エ 使〕

2点

2 1の答えになる助動詞が、何の意味の助動詞か答えよ。

3点

3 1の答え以外の助動詞が、何の意味の助動詞か答えよ。 3点

4 次の助動詞の中で仲間外れのものを1つ選べ。 2点

ア 為 イ 被 ウ 所 エ 弗

5 4の答え以外の助動詞が、何の意味の助動詞か答えよ。 3点

6 「称於君主。」において、動詞「称す」の動作主が「君主」の場合の書き下し文を書け。 3点

7 次の文をそれぞれ書き下し文にして現代語訳せよ。なお、返り点や送り仮名を省略している箇所もある。 84点（各6点）

1 晋ノ文侯使㆔李《り》離《り》為《な》サ㆓大理㆒ト。

ヒント！ 晋文侯＝春秋時代の晋国の君主。 李離＝文侯に仕えた臣下。 大理＝司法長官。

書

訳

2 為犬所吠。

ヒント！ 吠＝終止形は「吠《ほ》ゆ」。

書

訳

3 使人継其《そ》ノ志《こころざし》。

書

訳

4 遣ハシレ将ヲ守レ関ヲ。

ヒント！ 将＝部将（一部隊の大将）。 関＝関所。

書

訳

5 被レ配セ二筑紫一ニ。

ヒント！ 配＝配流する。

書

訳

6 見レ奪レ宝。

書

訳

7 令二弟子議一。

ヒント！ 議＝終止形は「議す」。議論する。

書

訳

SCORE

／100点

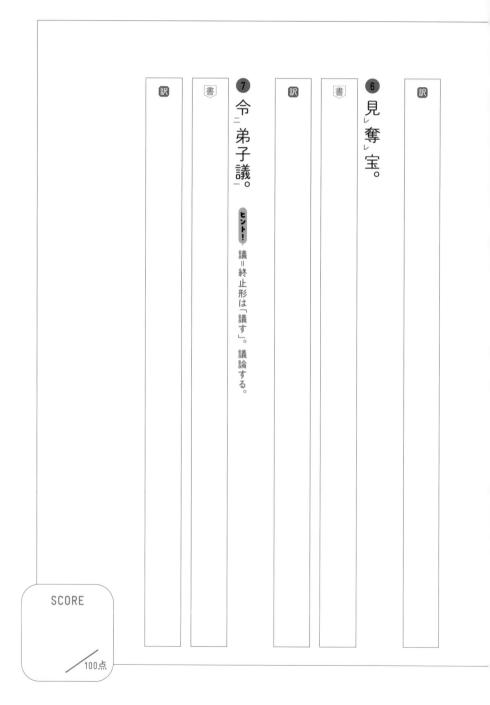

Chapter

6 疑問・反語

講師　岡本梨奈

授業動画へアクセス

Chapter 6では「疑問・反語」を学習します。「疑問」の訳は「～か（？）」ですね。「反語」の訳は「～か、いや、～ない」（もしくは、「～ないか、いや、～（だ）」）と疑問にして、後ろで反対にひっくり返します。このように、訳し方は全然違うのに、なぜ一緒に学習するかというと、**疑問と反語は、同じ漢字を用いることがとても多い**からです。見分け方は、送り仮名がついているととっても簡単で、**「ン」や「ンヤ」（ンヤ）と一緒に用いていれば反語、そうでないものは疑問**です（**疑問**の読みは「～**連体形**（**か or や**）」ですが、それよりも「ン」の文字があるかないかを確認するほうが簡単です）。ちなみに、「ン」は古文の助動詞「む」で、直前は**未然形**です。厄介なのは、白文で出題された場合で、文脈で判断をして見分けるしか方法がありません。送り仮名つきであれば簡単ですが、白文の場合は気をつけましょう。

文頭（文中）の「疑問・反語」

文頭（もしくは文中）に、次のポイントの漢字がある場合、疑問か反語の句法です。「～ンか「～ンや」と用いていれば**反語**、そうでなければ**疑問**です。漢字の**読み方と訳し方をセットで押さえる**ことがポイントです。数がたくさんあるので、2回に分けて紹介します。

「何」「曷」「奚」が文頭や文中にある場合、いろいろな読み方があるのですが、送り仮名がついている場合はそれを目安に読めるようにしましょう。「何《なん》ゾ」（何＝曷・奚）は「どうして」、「何《なに》ヲカ」は「何を」、「何《いづ》レノ」は「どの」、「何《いづ》クニカ」は「どこに」です。「ン（や）」と用いていれば、反語で訳します。白文の場合は、何の疑問文なのかを自分で考えて読み、疑問か反語かも文脈で判断する必要があります。

POINT

文頭（文中）の「疑問・反語」①

奚・曷・何

- 読 なんゾ～連体形（か or や） 訳 疑問 どうして～か
- 読 なんゾ～ン（や） 訳 反語 どうして～だろうか、いや、～ない

- 読 なにヲ（カ）～連体形（か or や） 訳 疑問 何を～か
- 読 なにヲ（カ）～ン（や） 訳 反語 何を～だろうか、いや、何も～ない

- 読 いづレノ～連体形（か or や） 訳 疑問 どの～か
- 読 いづレノ～ン（や） 訳 反語 どの～だろうか、いや、どの～もない

- 読 いづクニ（カ）～連体形（か or や） 訳 疑問 どこに～か
- 読 いづクニ（カ）～ン（や） 訳 反語 どこに～だろうか、いや、どこにも～ない

PRACTICE

次の文をそれぞれ現代語訳せよ。

① 今何クニ在ル。

▼今どこにあるのか。（今どこにいるのか。）

（送り仮名が「クニ」なので「いづクニ」。「ン」がないので疑問。）

② 何ゾ笑ハン。

▼どうして笑うだろうか、いや、笑わない。

（送り仮名が「ゾ」なので「なんゾ」。「〜ン」は反語。）

③ 何ヲカ見ンヤ。

▼何を見るだろうか、いや、何も見ない。

（送り仮名が「ヲカ」なので「なにヲカ」。「〜ンヤ」は反語。）

④ 何ヲカ見ル。

▼何を見るか。

（「ン」がないので疑問。）

①は「いづクニ」で「どこに」と訳します。書 今何《いづ》くに在《あ》る。

②は「なんゾ」で「どうして」と訳します。「ン」となっているので反語です。書 何《なん》ぞ笑はん。

③は「なにヲカ」で「何を」と訳します。「ンヤ」なので反語です。書 何《なに》をか見んや。

④も「なにヲカ」で「何を」と訳します。書 何《なに》をか見る。

POINT

文頭（文中）の「疑問・反語」②

※「疑問」の読みと訳のみを掲載。読みが「〜ン（や）」なら、訳は反語にすること。

何為　読 なんすレゾ〜連体形（か or や）　訳 疑問 どうして〜か

何以　読 なにヲもっテ（カ）〜連体形（か or や）　訳 疑問【理由】どうして〜か【手段】何によって〜か

安・悪・焉　読 いづクンゾ〜連体形（か or や）　訳 疑問 どうして〜か
　読 いづクニカ〜連体形（か or や）　訳 疑問 どこに〜か

誰　読 たれカ〜連体形（か or や）　訳 疑問 誰が〜か
　読 たれヲ（カ）〜連体形（か or や）　訳 疑問 誰を〜か

孰　読 たれカ〜連体形（か or や）　訳 疑問 誰が〜か
　読 いづレカ〜連体形（か or や）　訳 疑問 どちらが〜か

「何為」は読みがよく問われます。「何以」の「**以**」には**理由**や**手段**の意味があります。よって、理由・手段の疑問（反語）です。「誰」の読みは「**たれ**」なので気をつけましょう。「孰」は、**二者択一の文脈であれば「いづレカ」**、**それ以外であれば「たれカ」**です。

PRACTICE

次の文をそれぞれ現代語訳せよ。なお、送り仮名を省略している箇所もある。

① 我与《トと》レ子《し》孰多《キ》。
ヒント！ 子＝あなた。

② 孰喜《バン》。

③ 敵安《クニカ》在《ルや》乎。

④ 何為《レゾ》責《メンや》乎。

▼私とあなたとどちらが多いか。
（二者択一なので「いづレカ」。「ン」がないので疑問。）

▼誰が喜ぶだろうか、いや、誰も喜ばない。
（二者ではないので「たれカ」。「〜ン」は反語。）

▼敵はどこにいるのか。
（送り仮名が「クニカ」なので「いづクニカ」で場所の疑問。）

▼どうして責めるだろうか、いや、責めない。
（「何為レゾ」は「どうして」。「〜ンや」なので反語。）

①は「我（わたし）」と「子（あなた）」で二者択一なので、「孰」は「いづレカ」で「どちらが」と訳します。「子《し》」は「あなた」や「先生」の意味が重要。書 我と子《し》と孰《いづ》れか多き。

②は「たれカ」で「誰が」と訳します。「ン」と用いているので反語です。書 孰《たれ》か喜ばん。

③は「いづクニカ」で「どこに」と訳します。「ン」がないので疑問です。書 敵安《いづ》くにか在《あ》るや。

④は「なんすレゾ」の読みも重要。書 何為《なんす》れぞ責めんや。

文末の「疑問・反語」

文末の「疑問・反語」は次の３つを押さえましょう。

POINT 文末の「疑問・反語」

~何也。 読 ~（ハ）なんゾや。 訳 **疑問** ~はどうしてなのか。

~何若。 読 ~いかん。 訳 **疑問**【状態・結果】~はどのようであるか。

※「若」=「如」「奈」。

~哉。 読 ~か or ~や。 訳 **疑問** ~か。

読 ~ンや。 訳 **反語** ~か、いや、~ない。

※「哉」以外にも「乎」「也」「耶」「邪」「与」「歟」など。

「**何也。**」は直前の送り仮名が「ハ」なので、「**~ハなんゾや。**」の読みで覚えておきましょう。また、「何也。」は**疑問**の意味しかありません。

「**何若。**」「**何如。**」「**何奈。**」は「**いかん。**」と読みます。これも**疑問**の意味しかありません。「～はどのようであるか」という**状態や結果の疑問**なので、何かしらの状態や結果が必ずあることから、「いや、～ない」という反語にはならないのです。

文末の「**哉**」「**乎**」「**也**」などを「**～か。**」「**～や。**」と読む場合は**疑問**か**反語**です（「～ンや」であれば反語です）。

文頭（文中）・文末のどちらにもある「疑問・反語」

文頭（文中）と文末、どちらにもあるものとして、「**幾何**」と「**若何・如何・奈何**」の2種類を押さえましょう。

「**幾何**」はどこにあっても「**いくばく**」と読み、**数量**（**どれくらい**）の疑問か反語です。

「**若何**」「**如何**」「**奈何**」は、文頭（文中）と文末で読みも訳も違います。**文頭**（**文中**）では「**いかんゾ**」と読み、通常の疑問か反語です。**文末**では「**いかんセン**」と読み、**手段の疑問か反語**です。「いかん**セ**ン」の「**セ**」は**サ変**動詞の未然形で、サ変は「する」と訳します。それを覚えておくと、「**〜はどうするか**」と**手段**の疑問（もしくは、反語）になることがわかるので便利です。なお、文末の場合は、疑問でも反語でも読みは同じく「いかんセン」なので、どちらの意味かは文脈で判断することが必要です。

これらを次のポイントにまとめておきます。

POINT

文頭（文中）・文末のどちらにもある「疑問・反語」

幾何
- 読 いくばく（ゾ or カ）　※「読み」は疑問・反語同じ。
  - 訳 疑問 どれくらい〜か
  - 訳 反語 どれくらい〜か、いや、どれほどでもない

若何・如何・奈何

文頭（文中）
- 読 いかんゾ〜連体形（か or や）　訳 疑問 どうして〜か
- 読 いかんゾ〜ン（や）　訳 反語 どうして〜だろうか、いや、〜ない

文末
- 読 〜いかんセン。　※「読み」は疑問・反語同じ。
  - 訳 疑問 【手段】〜はどうしようか。
  - 訳 反語 【手段】〜はどうしようか、いや、どうしようもない。

ちなみに、文末の「若何」にO（目的語）を入れる場合は、「若」と「何」の間に入れて、「若二目的語ヲ一何セン。」となります。よって、**文末が「何」で、上を見て「若」「如」「奈」の文字が少し離れてある場合は、間にある部分が目的語**です。

チェック！

「何若」と「若何」

文末の**「何若。」（いかん）**と**「若何。」（いかんセン）**は、似ていて紛らわしいため、白文でもきちんと区別できるようにしましょう。**「『何』で終わると『セン』がつく」**と何度も唱えて、「若何。」と白文だとしても、「若何《いかん》セン」と読めるようにしましょう。

また、さらに紛らわしいことを書いてしまいますが、実は「若何。」なのに、状態や結果の疑問で「いかん」と読む場合がまれにあります。したがって、送り仮名が省略されているわけでもないのに、「若何。」のみで「セン」がない場合は「いかん」です。ですが、基本は**「若何。」**は**「いかんセン」で手段の疑問か反語**であることを押さえておきましょう。

PRACTICE

次の傍線部の読み方を、送り仮名も含めて現代仮名遣いで書け。なお、送り仮名を省略している箇所もある。

① 富《ミテ》而無《キハ》レ驕《おごルコト》、何如。 ▼いかん（「何如」は「いかん」）

② 為《スコト》レ之《ヲ》奈何。 ▼いかんせん（「何」で終わると「セン」がつく）

③ 離《ルルコト》幾何《ゾ》。 ▼いくばくぞ（「幾何」は「いくばく」）

①「何如」は「いかん」と読み、状態・結果の疑問です。書 富みて驕ること無きは、何如《いかん》。訳 金持ちになって驕ることがないのは、どのようであるか。

②文末の「奈何」は「いかんセン」と読み、手段の疑問・反語です（疑問と反語は読みが同じなので、この1文だけではどちらかは不明）。書 之を為《な》すこと奈何《いかん》せん。訳 疑問 これをどうしようか。or 反語 これをどうしようか、いや、どうしようもない。

③「幾何」は「いくばく」で、数量の疑問・反語です（こちらも、この1文だけではどちらかは不明）。書 離るること幾何《いくばく》ぞ。訳 疑問 離れるのはどれくらいか。or 反語 離れるのはどれくらいか、いや、どれほどでもない。

「反語」の句法

「反語」のみの句法を学習しましょう。次の4つの句法は、疑問の用法はありません。

POINT 「反語」の句法

豈《ニ》～《ン（ヤ）》。 読 あニ～ン（ヤ）。 訳 どうして～だろうか、いや、～ない。

寧《クンゾ》～《ン（ヤ）》。 読 いづクンゾ～ン（ヤ）。 訳 どうして～だろうか、いや、～ない。

敢《ヘテ》不《ラン》レ～乎。 読 あヘテ～ざランや。 訳 どうして～しないだろうか、いや、～する。

何N之有。 読 なんノNカこレあラン。 訳 何のNがあろうか、いや、何のNもない。

※N＝名詞

「～」の部分は未然形です。「豈」は、反語以外の用法もあるのですが、「～ン（ヤ）」の送り仮名が**反語**のキーワードです。「いづクンゾ」と読む疑問・反語の文字は他にもありますが、「寧」は反語のみの用法です。「敢不～乎」は「あヘテ～ざランや」と読み、結論が肯定になる反語です。こちらも「ンや」が反語のキーワードです。「何N之有」は訳だけではなく、読みも頻出です。**読みと訳がすぐに出てくる**ようにしましょう。

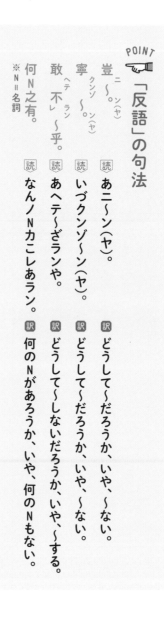

PRACTICE

次の文をそれぞれ現代語訳せよ。

①豈ニ偶然ナラン哉や。
▼どうして偶然であろうか、いや、偶然ではない。
（「豈ニ～ンや」は反語）

②寧クンゾ言ハン乎や。
▼どうして言うだろうか、いや、言わない。
（「寧」の「いづクンゾ」は反語のみの用法）

③敢ヘテ不ランレ読マ乎や。
▼どうして読まないだろうか、いや、読む。
（「敢ヘテ～ざランや」は反語）

④何ノ難キコトカ之レ有ラン。
▼何の困難があろうか、いや、何の困難もない。
（「何N之有」は反語の句法）

ヒント！ 難キコト＝困難。

①「豈」が「ンや」と用いられているので反語です。書 豈に偶然ならんや。

②「寧」は反語のみの用法です。「ンや」の読みもヒントになります。書 寧《いづ》くんぞ言はんや。

③「敢不～乎」は「あへテ～ざランや」と読む反語で、「どうして～しないだろうか、いや、～する」と訳します。書 敢へて読まざらんや。

④「何N之有」を目にすれば、「反語」とすぐに反応できるようにしましょう。「なんノNカこレあラン」の読みも重要です。書 何の難《かた》きことか之れ有らん。

要点整理

1 文頭（文中）の「疑問・反語」

奚・曷・何

読 なんゾ～連体形（か or や）　訳 疑問 どうして～か
読 なんゾ～ン（や）　訳 反語 どうして～だろうか、いや、～ない

読 なにヲ（カ）～連体形（か or や）　訳 疑問 何を～か
読 なにヲ（カ）～ン（や）　訳 反語 何を～だろうか、いや、何も～ない

読 いづレノ～連体形（か or や）　訳 疑問 どの～か
読 いづレノ～ン（や）　訳 反語 どの～だろうか、いや、どの～もない

読 いづクニ（カ）～連体形（か or や）　訳 疑問 どこに～か
読 いづクニ（カ）～ン（や）　訳 反語 どこに～だろうか、いや、どこにも～ない

※この先「疑問」の読みと訳のみを掲載。読みが「～ン（や）」なら、訳は反語にすること。

何為　読 なんすレゾ～連体形（か or や）　訳 疑問 どうして～か

何以　読 なにヲもつテ（カ）～連体形（か or や）　訳 疑問 【理由】どうして～か
【手段】何によって～か

安・悪・焉
- 読 いづクンゾ～連体形（か or や） 訳 疑問 どうして～か
- 読 いづクニカ～連体形（か or や） 訳 疑問 どこに～か

誰
- 読 たれカ～連体形（か or や） 訳 疑問 誰が～か
- 読 たれヲ（カ）～連体形（か or や） 訳 疑問 誰を～か

孰
- 読 たれカ～連体形（か or や） 訳 疑問 誰が～か
- 読 いづレカ～連体形（か or や） 訳 疑問 どちらが～か

2 文末の「疑問・反語」

～何也。 読 ～（ハ）なんゾや。 訳 疑問 ～はどうしてなのか。

～何若。 読 ～いかん。 訳 疑問【状態・結果】～はどのようであるか。

※「若」＝「如」「奈」。

～哉。 読 ～か or ～や。 訳 疑問 ～か。

読 ～ンや。 訳 反語 ～か、いや、～ない。

※「哉」以外にも「乎」「也」「耶」「邪」「与」「歟」など。

3 文頭（文中）・文末のどちらにもある「疑問・反語」

幾何　読 いくばく（ゾ or カ）　※「読み」は疑問・反語同じ。

訳 **疑問** どれくらい〜か

訳 **反語** どれくらい〜か、いや、どれほどでもない

若何・如何・奈何

文頭（文中）

読 いかんゾ〜連体形（か or や）　訳 **疑問** どうして〜か

読 いかんゾ〜ン（や）　訳 **反語** どうして〜だろうか、いや、〜ない

文末

読 〜いかんセン。　※「読み」は疑問・反語同じ。

訳 **疑問**【手段】〜はどうしようか。

訳 **反語**【手段】〜はどうしようか、いや、どうしようもない。

4 「反語」の句法

豈《ニ》〜《ン(ヤ)》。　読 あニ〜ン（ヤ）。　訳 どうして〜だろうか、いや、〜ない。

寧《クンゾ》〜《ン(ヤ)》。　読 いづクンゾ〜ン（ヤ）。　訳 どうして〜だろうか、いや、〜ない。

敢《ヘテ》不《ラン》レ〜乎。　読 あヘテ〜ざランや。　訳 どうして〜しないだろうか、いや、〜する。

何N之有。　読 なんノNカこレあラン。　訳 何のNがあろうか、いや、何のNもない。

※N＝名詞。

重要事項はコレダケ！

一問一答

動画で暗唱！

01 どんな送り仮名があれば反語と判断できる？

〜ン（ヤ）

02 「いづレノ」の訳は？

どの

03 「いづクニ」の訳は？

どこに

04 「何為〜」の送り仮名も含めた読みは？

なんすれぞ

05 「孰」が二者択一の場合の送り仮名も含めた読みは？

いづ《ず》れか

06 「孰」が二者択一でない場合の送り仮名も含めた読みは？
たれか

07 「～何也。」の直前の送り仮名も含めた読みは？
はなんぞや。

08 「～何若。」の読みは？
いかん。

09 「～何若。」の訳は？
～はどのようであるか。

10 「～若何。」の送り仮名も含めた読みは？
いかんせん。

11 「～若何。」が疑問の場合の訳は？
～はどうしようか。

12
「若何〜」の送り仮名も含めた読みは？

いかんぞ

13
「幾何」は何についての疑問や反語？

数量

14
「幾何」の読みは？

いくばく

15
「豈」が「ソ（ヤ）」と用いられている場合の訳は？

どうして〜だろうか、いや、〜ない

16
「寧クンゾ」は疑問？　反語？

反語

17
「敢不〜乎」の読みは？

あへ《え》て〜ざらんや

18
「何N之有」の読みは？

なんのNかこれあらん

19
「何N之有」の訳は？

何のNがあろうか、いや、何のNもない

基本練習

（解答と解説は別冊P009）

1 次の傍線部の読み方として適当なものを、後の中から1つ選べ。　2点

奚為《ニシテ》レ見《まみユルガ》二寡人《くわじんニ》一、……

ア　しかるに　　イ　なんぞ　　ウ　すなはち　　エ　あらがひて

2 「何《ゾ》用《ヰテ》レ謝《ヲ》為《サン》。」の現代語訳として適当なものを、次の中から1つ選べ。　4点

ア　お礼はいらない。
イ　どうしてお礼をするのか。
ウ　お礼に何を渡そうか。
エ　どこにお礼があるのか。

3 次の傍線部の送り仮名も含めた読み方として適当なものを、後の中から1つ選べ。 3点

於イテハレ君ニ何如。

ア なんぞや　イ いかんせん　ウ いかん　エ なんのごとし

4 3「於イテハレ君ニ何如。」の現代語訳として適当なものを、次の中から1つ選べ。 4点

ア どうしてあなたなのか。
イ あなたの場合はどうするのか。
ウ あなたに関してはなぜかわからない。
エ あなたの場合はどうなのか。

5 次の傍線部の送り仮名も含めた読み方として適当なものを、後の中から1つ選べ。 3点

何為為ル二我ガ禽《とりこ》ト一。

〔ア なんぞや　イ いかんぞ　ウ いづくんぞ　エ なんすれぞ〕

6 次の傍線部の送り仮名も含めた読み方として適当なものを、後の中から1つ選べ。 3点

与《くみ》スルハ二他人ニ一、何也。

〔ア なんぞや　イ いかんぞ　ウ いかん　エ いかんせん〕

7 次の傍線部の読み方を書け。 4点

無クシテ二幾何モ一……

8 「何事《こと》之有」をすべて平仮名で書き下せ。 5点

9 次の文をそれぞれ現代語訳せよ。なお、送り仮名を省略している箇所もある。 72点(各6点)

❶ 何ゾ待タンヤ。

2 何《ヲカ》夢《ミル》。

3 庶人安《クンゾ》得《ンヤ》レ之《ヲ》。

ヒント！ 庶人＝庶民。

4 学問之道、豈《ニ》止《マラン》二於此《ここニ》一哉。

5 誰《カ》喚《よビ》二御史《ヲ》一来《タラシムル》。

ヒント！ 御史＝官吏の監査役。訳は「御史」のままでよい。

6 何《クニカ》適《ゆク》。

7 何為為《ル》二我《ガ》禽《とりこト》一。

ヒント！ 禽＝捕虜。

8 何事之有。

ヒント！ 事＝事件。

9 敢《ヘテ》不《ラン》レ敬《セ》乎。

ヒント！ 敬ス＝大事にする。

10 与《くみスルハ》二他人《ニ》一、何也。

ヒント！ 与スル＝味方する。

11 如レ無レ月何。

⑫ 寧贖二其ノ罪ヲ一邪《や》。

ヒント！ 贖＝償《つぐな》う。

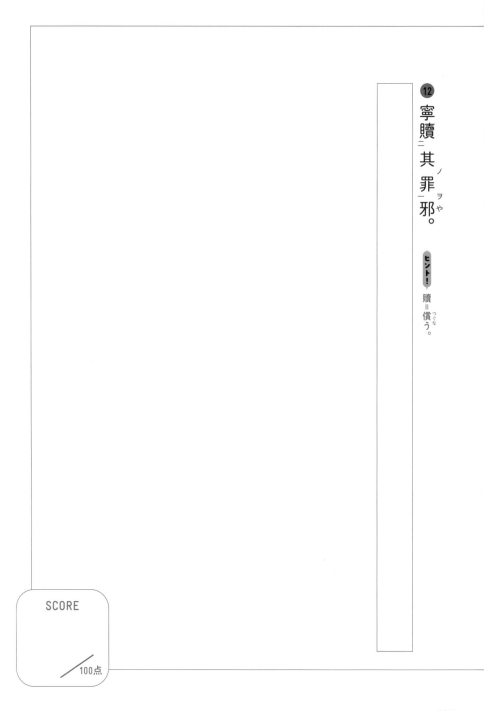

Chapter

7 抑揚・限定・累加

講師　岡本梨奈

授業動画へアクセス

Chapter 7では「抑揚・限定・累加」を学習します。学習する項目数が3つになり「大変そう」と思ったかもしれませんが、それぞれ押さえるべきポイントはそんなに多くありません。とはいえ、入試には頻出です。1つずつ順番に見ていき、ポイントを押さえましょう。

抑揚

抑揚《よくよう》とは、古文の**類推**（AだにB、ましてCはなおさらB＝A**さえ**Bだ、**まして**Cはなおさらだ）と同じで、**軽い例を先にあげて、それよりも重いものはなおさらそうだ**ということです。

たとえば、高校生に英語が得意かどうかを聞いた返事として、「中学英語で**さえ**わからない」と言われた場合、その高校生が「英語が得意か苦手か」は言われなくてもわかりますね。中学英語で**さえ**わからないのです。**まして**、高校英語はなおさらわからないと言いたいのでしょう。つまり、苦手なことがわかります。これが抑揚（類推）です。

それでは、漢文では抑揚をどう表すのか、次のポイントにまとめます。

POINT

抑揚

A且《スラ》ツB。況ンヤC乎ヲ

※「且ツ」＝「猶《なホ》・尚《なホ》」。

読 **Aスラかツ B。いはンヤCヲや**

訳 **AでさえB。ましてCはなおさら(B)だ**

而ルヲ況ンヤ於イテレCニ乎

読 **しかルヲいはンヤCニおイテヲや**

訳 **ましてCにおいてはなおさらだ**

「**況《いは》ンヤ**」の訳が「**まして**」です。「**況**」の文字が（特に問題の箇所に）あれば、**抑揚**から考えましょう。また、最後の「**ヲや**」の読みも特徴的なので、抑揚の目安にしやすいでしょう。

「**A且B。況C乎**」の「**且**」が「**猶・尚**」の場合、読みは「**Aスラなホ B**」となりますが、訳は同じです。古文の副助詞「すら」も「さえ」と訳すので、「スラ且《か》ツ」や「スラ猶《な》ホ」を「さえ」と訳すことは覚えやすいですね。また、**後半の「況C乎」のみ**の場合もあります。

そして、この後半に少し文字が追加されているのが、2つ目の「而況於C乎」です。白文で出てきても**「しかルヲいはンヤCニおイテヲや」**と読めるようにしましょう。

PRACTICE

次の文をそれぞれ現代語訳せよ。なお、③は送り仮名を省略している。

① 鳥獣スラ尚ホ悪《にく》ムレ之ヲ、況ンヤ君子ヲ乎。

② 況ンヤ王ヲ乎。

③ 而況於レ鳥乎。

▼鳥や獣でさえこれを憎む、まして君子はなおさらだ。
（「A尚スラホB、況ンヤCヲ乎」は抑揚の句法）

▼まして王はなおさらだ。
（「況ンヤ」の訳は「まして」①の後半のみの形）

▼まして鳥においてはなおさらだ。
（「況」の文字に気づいたら、抑揚の句法から考える）

①は訓点がついているのでわかりやすいと思われます。「A尚B、況C乎」と白文であったとしても、「AスラなホB、いはンヤCヲや」と読めて、「AでさえB、ましてCはなおさらだ」と訳せるようにしましょう。訳は、「鳥や獣」は「鳥獣」でも、「まして君子はなおさらだ」は「まして君子であればなおさら、これを憎んで当然だ」などでもかまいません。同じ意味でとれ

ていれば、一字一句同じである必要はありません。書 鳥獣すら尚ほ之を悪む、況んや君子をや。

②は①の後半、「ましてCはなおさらだ」の部分のみの形です。書 況んや王をや。

③は②に少し文字が追加されたものです。返り点だけでも、訳はもちろんのこと、「しかルヲいはンヤCニおイテヲや」と読めるようにしましょう。書 而るを況んや鳥に於いてをや。

限定

限定は「ただ～だけ」です。漢文では「ただ」は、「**たダ**」か「**ひとリ**」で漢字で表します。

また、漢文で「だけ」を表すと「**のみ**」となり、送り仮名「ノミ」か漢字で表します。

次のポイントにある通り、「たダ」は4つ、「ひとリ」は1つ、「のみ」は3つの漢字を押さえましょう。

POINT **限定**

惟《ダ》・只《ダ》・唯《ダ》・但《ダ》（～《ノミ》）　読 **たダ（～ノミ）**　訳 **ただ（～だけだ）**

独《リ》（～《ノミ》）　読 **ひとリ（～ノミ）**　訳 **ただ（～だけだ）**

耳・已・爾　読 **のみ**　訳 **だけだ**

「ただ」と「ひとり」は、送り仮名「ノミ」とセットでよく用います。

「耳・已・爾」が**文末でポツンと単独で使われている**場合は、助詞「のみ」で「〜だけだ」と訳します。**助詞**ですから、**書き下し文では必ず平仮名**にしてください。

チェック!

「ただ」と「のみ」のその他の漢字

「**ただ**」の漢字は他に「**徒・直・特**」などもあります。難関大学を志望する人は、余裕があればこれらも押さえておきましょう。

また、「**のみ**」の他の漢字として「**而已**」や「**而已矣**」もあります。「而已」も「而已矣」も、「已」に置き字がついているだけなので、**文末に「而已」や「而已矣」がポツンとあれば、「已」と同じで「のみ」と読む**だけです。見かけたときには、これらも読めるようにしておきましょう。

PRACTICE

次の傍線部の読み方を、送り仮名も含めて現代仮名遣いで書け。

① 可《キ》レ助《ク》レ君《ヲ》耳。　▼のみ（文末にポツンとある「耳」は「のみ」）

② 惟心頭《ノミ》温《カク》……　▼ただ（送り仮名「ノミ」とセットで用いている限定「ただ」）

①文末で単独で用いる「耳」（のみ）は助詞なので、書き下し文では必ず平仮名にしましょう。 書 君を助くべきのみ。 訳 君を助けるだけだ。

②「惟」は書き下し文では「惟だ」です。 書 惟だ心頭《しんとう》のみ温かく…… 訳 ただ心臓のあたりだけが温かく……

累加

累加《るいか》の「累」は「重ねる」の意味で、「重ねて加える」のが「累加」です。「**Aだけではなく Bも**」ということです。累加は次の3つの句法を押さえましょう。

POINT **累加**

不二惟《ダニ》A《ノミナラ》一、(而《シテ》)亦B 読 **たダニAノミナラず、(しかうシテ)またB**
※「惟《ダニ》」=「独《リ》」／「亦」=「又」。 訳 **ただ単にAだけではなく、またBでもある**

非《ズ》二惟《ダニ》A《ノミニ》一、(而《シテ》)亦B 読 **たダニAノミニあらズ、(しかうシテ)またB**
※「惟《ダニ》」=「独《リ》」／「亦」=「又」。 訳 **ただ単にAだけではなく、またBでもある**

豈《ニ》惟《ダニ》A《ノミナランヤ》 読 **あニたダニAノミナランヤ**
※「豈《ニ》」=「何《ゾ》」／「惟《ダニ》」=「独《リ》」。 訳 **どうしてただAだけであろうか、いや、Aだけではない**

「惟」は、累加の場合は「**たダニ**」と読みます（他の「たダ」の漢字でも同じ）。

また、「惟」が「独」になっている場合は、読みは「ひとり」ですが、訳は同じです。「惟」や「独」は限定で学習したように、「ノミ」の送り仮名とよく一緒に用います。

1つ目と2つ目はほぼ同じで、出だしが「不」か「非」かの違いだけです。**「非」の直前の送り仮名が「ニ」になることは、**Chapter 4の「否定」で学習しました。

3つ目は**反語**「豈ニ～ンヤ」と**限定**「惟ダ～ノミ」がセットで用いられた形です。「ただ～だけか、いや、～だけではない」は、「他にもある」ということで累加です。また、累加なので「ただニ」の読みです。

チェック！

「不㆓惟ダニA㆒ノミナラ、而シテ亦B」は英語のアレと同じ

「ただAだけではなく、またB」の句法、英語の「not only A, but also B」と同じです。不＝not、惟＝only、而＝but、亦＝alsoと対応していて、順番も同じです。英語が好きな人は、これで覚えておくと便利です。

PRACTICE

次の文を書き下し文にして現代語訳せよ。なお、送り仮名は省略している。

① 不㆓唯有㆒㆑才、亦有㆑志。

ヒント！「ノミ」は活用語だと連体形に接続。

▼ 書 唯だに才有るのみならず、亦志有り。

訳 ただ単に才能があるだけではなく、また志もある。

（「不唯～、亦…」は累加の句法）

② 豈独我。

▼ 書 豈に独り我のみならんや。

訳 どうしてただ私だけであろうか、いや、私だけではない。

（「豈独～」も反語と限定がセットで用いられた累加）

① 「不唯A、…」のAが活用語の場合は、ヒントにあるように連体形にします。「有」はラ変動詞「あり」なので、連体形は「ある」（有る）です。「亦」は「亦た」でもかまいません。

② 「豈独A」は「豈惟A」と同じく、反語と限定がセットで用いられた累加です。

要点整理

1 抑揚

A且《スラツ》B。況《ンヤ》C《ヲ》乎

※「且《ツ》」＝「猶《なホ》・尚《なホ》」。

読 Aスラかツ B。いはンヤCヲや

訳 AでさえB。ましてCはなおさら（B）だ

而《ルヲ》況《ンヤ》於《イテヲ》レC《ニ》乎

読 しかルヲいはンヤCニおイテヲや

訳 ましてCにおいてはなおさらだ

2 限定

惟《ダ》・只《ダ》・唯《ダ》・但《ダ》（〜《ノミ》）

読 ただ（〜ノミ）

訳 ただ（〜だけだ）

独《リ》（〜《ノミ》）

読 ひとリ（〜ノミ）

訳 ただ（〜だけだ）

耳・已・爾

読 のみ

訳 だけだ

3 累加

不㆓惟《ダニ》A㆒《ノミナラ》、(而《シテ》)亦B

※「惟《ダニ》」=「独《リ》」/「亦」=「又」。

読 たダニAノミナラず、(しかうシテ)またB

訳 ただ単にAだけではなく、またBでもある

非㆓惟《ダニ》A㆒《ノミニ》《ズ》、(而《シテ》)亦B

※「惟《ダニ》」=「独《リ》」/「亦」=「又」。

読 たダニAノミニあらズ、(しかうシテ)またB

訳 ただ単にAだけではなく、またBでもある

豈《ニ》惟《ダニ》A《ノミナランヤ》

※「豈《ニ》」=「何《ゾ》」/「惟《ダニ》」=「独《リ》」。

読 あニたダニAノミナランヤ

訳 どうしてただAだけであろうか、いや、Aだけではない

重要事項はコレダケ！

一問一答

動画で暗唱！

01 抑揚の句法にある「況」の送り仮名も含めた読みは？

いは《わ》んや

02 01「況」の訳は？

まして

03 「A且B。況C乎」の読みは？

AすらかつB。いは《わ》んやCをや

04 「A且B。況C乎」の訳は？

AでさえB。ましてCはなおさら（B）だ

05 「而況於C乎」の読みは？

しかるをいは《わ》んやCにおいてをや

06 「而況於C乎」の訳は？
ましてCにおいてはなおさらだ

07 「惟・只・唯・但」の送り仮名も含めた読みは？
ただ

08 限定の句法にある「独」の送り仮名も含めた読みは？
ひとり

09 「耳・已・爾」が単独で文末にある場合の読みは？
のみ

10 「非惟A、而亦B」の読みは？
ただにAのみにあらず、しか《(こ)》うしてまたB

11 「不惟A、而亦B」の訳は？
ただ単にAだけではなく、またBでもある

12
「豈惟A」の読みは？

あにただにAのみならんや

13
「豈惟A」の訳は？

どうしてただAだけであろうか、いや、Aだけではない

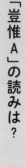

基本練習

（解答と解説は別冊P011）

1 次の傍線部の送り仮名も含めた読み方として適当なものを、後の中から1つ選べ。 2点

況人ヲ乎。

〔ア あに　イ なんぞ　ウ いはんや　エ いづくんぞ〕

2 「亦」と同じ読みの漢字を、次の中から1つ選べ。 2点

〔ア 已　イ 将　ウ 唯　エ 又〕

3 「而況於㆓明哲㆒乎。」の解釈として適当なものを、次の中から1つ選べ。

5点

ア　賢者の場合にはどうだろうか。

イ　賢者になることは無理である。

ウ　賢者の場合はなおさらである。

エ　賢者のようになれるだろうか。

4 「飛鳥《スラ》尚《ホ》然《リ》兮況《ンヤ》於《イテヲヤ》㆓貞良《ニ》㆒。」の解釈として適当なものを、次の中から1つ選べ。

5点

ア　飛ぶ鳥であっても子供は育てる、それこそ良い親ならば当然の行動だ。

イ　飛ぶ鳥はまるで立派なあなたのようだ、親として良い子を大事にするのが最善だ。

ウ　飛ぶ鳥を見てもあなたのことが思い出される、今後は良い夫になろうと固く誓う。

エ　飛ぶ鳥でさえ死んだつがいのオスを忘れない、まして良い妻ならなおさら夫を忘れない。

5

❶次の傍線部の送り仮名も含めた読み方を書け。
❷また、同じ読み方の漢字を後の中から1つ選べ。

惟聞《クノミ》。

〔ア 耳　イ 維　ウ 但　エ 又〕

❶

❷

❶3点 ❷2点

6

❶次の傍線部の読み方を書け。
❷また、違う読みの漢字を後の中から1つ選べ。

如《キ》《レ》此《かクノ》而已。

〔ア 耳　イ 只　ウ 爾　エ 已〕

❶

❷

❶3点 ❷2点

7

「豈《ニ》徒《ダニ》読《ムノミナランヤ》。」の解釈として適当なものを、次の中から1つ選べ。

4点

ア　読むだけではない。

イ　どうして読むのだろうか。

ウ　ただ読むだけである。

エ　どうして読まないのか、いや、読む。

8

次の文をそれぞれ書き下し文にして現代語訳せよ。なお、送り仮名を省略している箇所もある。

72点（各6点）

❶ 四国猶乱《ル》、況一人《いちにん》乎。

ヒント！ 四国＝四方の国。　一人＝一人の人間。

書

訳

2 惟見㆓二《に》大蛇《だいじゃ》ヲ㆒。

ヒント！ 二大蛇＝二匹の大蛇。

書

訳

3 況怨敵《おんてき》乎。

ヒント！ 怨敵＝恨みを持った敵国。

書

訳

4 豈惟怠。

ヒント！ 怠＝終止形は「怠《おこた》る」。

書

訳

5 独大王耳。

書

訳

6 不唯説、而亦泣。

ヒント! 説＝終止形は「説《よろこ》ぶ」。

書

訳

SCORE

/100点

Chapter

8

詠嘆・仮定・比較・願望

講師　岡本梨奈

授業動画へアクセス

Chapter 8では「詠嘆・仮定・比較・願望」を学習します。この中の違う項目に同じ文字が使われたり、これまでに学習してきた句法と同じ文字が使われたりしますが、1つずつ順番に見ていきましょう。

詠嘆

詠嘆《えいたん》は「（ああ、）～なあ」や「なんと～ではないか」と訳します。**文末**の「**乎・哉・夫**」などを「**かな**」と読む場合や、感動詞「**嗚呼**」（**ああ**）と一緒に用いている場合は詠嘆です。

これら以外のものとして、次のポイントの句法を押さえましょう。

POINT 詠嘆

不《ず》二亦A一乎《や》　※「乎」＝「哉」など。　読 **またAずや**　訳 **なんとAではないか**

豈《ニ》不《ず》レA乎《や》　※「乎」＝「哉」など。　読 **あニAずや**　訳 **なんとAではないか**

何《ゾ》（其《レ》）A（也《や》）　読 **なんゾ（そレ）A（や）**　訳 **なんとAではないか**

1つ目と2つ目には**「不」**の文字が使われていますが、否定ではなく詠嘆なので、間違えないように気をつけましょう。ポイントは「**ずや**」の読みです。「ず」の直前のAは**未然形**になります。Aには**形容詞**か**形容動詞**が入ることが多く、形容詞であれば「〜から」、形容動詞であれば「〜なら」と活用させます。

また、2つ目の**「不」**が**「非」**になっている「**豈非A乎**」もあります。**「非」の直前の送り仮名は「二」**です。よって、「豈非A乎」は「**あ二A二あらズや**」と読みます。訳は同じです。

3つ目の「何《ゾ》其《レ》A也」は、「其」や「也」が省略されている場合があります。「其」が省略されると「何《ゾ》A(也)」となり、疑問や反語と見た目も同じになってしまうため要注意です。見分け方は文脈で判断するしかありません。疑問や反語だと文脈がおかしい場合は、詠嘆の可能性もあることを把握しておきましょう。

チェック!

「豈《ニ》不《ざラン》レA乎《や》」は反語

「**あニAざランや**」の場合は**反語**で、「どうしてAしないだろうか、いや、Aする」と訳します。よって、送り仮名がきちんとついている場合は、**「不」に送り仮名があるかないかに注目**しましょう。「不」に送り仮名「ラン」がついていれば反語、送り仮名がついていなければ「ず(や)」と読む詠嘆です。

白文の場合は、**Aが形容詞か形容動詞なら詠嘆、動詞なら反語から考える**のがコツです。これを目安に訳して確認しましょう。

PRACTICE

次の文を書き下し文にして現代語訳せよ。なお、送り仮名は省略している箇所もある。

① 不二亦高一哉。

▼書 亦高からずや。 訳 なんと高いではないか。
（「不亦〜哉」は「また〜ずや」と読む詠嘆の句法）

② 豈非ズ二良医一乎。

▼書 豈に良医に非ずや。 訳 なんと良医ではないか。
（「非」には送り仮名がついており「あらズ（や）」なので詠嘆）

①の「高」は「不《ず》」に続くように未然形にします。「高」は現代語で形容詞「高い」と考えられるため、古文では「高し」で未然形は「高から」です。「亦」は「亦た」でもかまいません。

②は「非」に「ズ」の送り仮名がついていることから、「あニ〜ニあらズや」と読む詠嘆の句法です。「非」の直前の送り仮名は「ニ」なので「良医に」となります。

仮定

仮定は、次のポイントにある順接仮定条件「もし～ならば」、逆接仮定条件「たとえ～としても」、逆接確定条件「～けれども」を表す漢字と読みを押さえましょう。

POINT **仮定**

若《シ》・如《シ》（～《バ》）【文頭・返り点なし】 読 もシ（～バ） 訳 もし～ならば

苟《シクモ》（～《バ》） 読 いやシクモ（～バ） 訳 もし～ならば

縦《ヒ》（～《トモ》） 読 たとヒ（～トモ） 訳 たとえ～としても

雖《モ》二～《ト》一 読 ～トいへどモ 訳 たとえ～としても／訳 ～けれども

「若・如」が**文頭にあり、返り点がついていない**場合は、「**もシ**」と読み、「**バ**」の送り仮名とセットでよく用いられます。「もシ」と読めたなら、順接仮定条件「**もし～ならば**」とわかりますね。

チェック!

様々な「若・如」

「若・如」は様々な用法があります。用法を判別する目安となる特徴を押さえておきましょう。

・文頭・返り点なし・単独▼**仮定**

・「何」と一緒に用いている▼**疑問・反語**（⬇p126・p128）

※「若」は「なんぢ」（あなた・あなたたち）の可能性もあり。

・返り点がついていて直前に読む送り仮名が「ノ or ガ」▼**助動詞**「ごとシ」（⬇p041）

・「不」や「無」と一緒に用いている▼**比較**（⬇p180）

「**苟**」は「**いやシクモ**」と読み、「**もし～ならば**」と訳す順接仮定条件です。「苟」は読みも訳もしっかり把握しましょう。

「**縦**」と「**雖**」は**逆接**です。「縦」は「**たとヒ**」と読み、「**トモ**」の送り仮名とセットでよく用いられます。読めたなら、「**たとえ～としても**」と訳す逆接仮定条件とわかるはずです。

「**雖**」は「**いへどモ**」と読みます。**返読文字**で必ず下から返って読むことと、**直前の送り仮**

名が「**ト**」であることも押さえましょう。「～トいへ**ども**」ですから、「**～けれども**」「のに」「が」と訳す逆接確定条件であることはわかりやすいですね。ただし、注意すべきなのは、「**たとえ～としても**」と逆接仮定条件で訳す場合もあることです。つまり、**逆接「雖」は確定条件か仮定条件かを文脈で判断**する必要があるのです。

PRACTICE

次の傍線部の読み方を、送り仮名も含めて歴史的仮名遣いで書け。

① 若為《ラバ》二大将《ト》一……　▼もし　（文頭で返り点がない「若」は「もシ」）

② 苟学術不《ずンバ》レ正《シカラ》……　▼いやしくも　（「苟」は「いやシクモ」と読む）

③ 縦不《トモ》レ笑《ハ》……　▼たとひ　（「縦」は「たとヒ」と読む）

④ 如《シ》不《ンバ》レ言《ハ》雖レ思《フト》……　▼いへども　（「雖」は「いへどモ」と読む）

①文頭で返り点がついておらず、送り仮名「バ」とセットで用いられている「若」は、「もシ」です（仮定「若・如」は文頭が多いのですが、「公若《もシ》為《なラバ》二大将《ト》一……」「訳 あなたがもし大将となったならば……」のように、上にS（主語）がある場合もあります。他の用法の「若・

如」の特徴にあてはまらず、返り点がついていなくて送り仮名「バ」とセットで用いられていれば、「もシ」から考えてください）。書 若し大将と為《な》らば……　訳 もし大将となったならば……

②「苟」は読みも訳も重要です。「いやシクモ」と読み、「もし〜ならば」と訳します。書 苟しくも学術正しからずんば……　訳 もし学術が正しくなかったならば……

③「トモ」とセットで用いられている「縦」は「たとヒ」です。書 縦ひ笑はずとも……　訳 たとえ笑わないとしても……

④「雖」は「いへどモ」と読み、直前の送り仮名が「ト」であることも押さえておきましょう。逆接の仮定条件か確定条件かは文脈で判断が必要です。ここでは、文頭に返り点のついていない「如《も》シ」があり、仮定の話をしています。よって、こちらも仮定条件で訳します。書 如し言はずんば思ふと雖も……　訳 もし言わないならば、たとえ思ったとしても……

比較

比較の句法は次の6つを押さえましょう。「若・如」の文字を使用した句法もあります。**比較の「若・如」は、上が「不」や「無」であることが目安**です。

POINT

比較

※このポイント内共通で、不＝弗／無＝莫・毋など。

A於㆓N《ヨリ(モ)》㆒　※N＝名詞 or 連体形。
読 Nヨリ(モ)A　訳 Nより(も)A

不㆑若《カ》㆓〜《ニ》㆒　※若＝如。
読 〜ニしカず　訳 〜に及ばない・〜のほうがよい

A《(スルハ)》孰‐若《レゾ》㆓B《(スル)ニ》㆒
※若＝与／Aスル・Bスル＝連体形。
読 A(スルハ)B(スル)ニいづレゾ
訳 A(するの)とB(するの)とどちらが勝《まさ》っているか

無《シ》㆑若《クハ》㆓〜《ニ》㆒　※若＝如。
読 〜ニしクハなシ　訳 〜が一番よい

無《シ》㆑A《ハ》㆑焉《これヨリ》
読 これヨリAハなシ　訳 これが一番Aだ

寧《ロ》A《ストモ》無《カレ》㆑B《スル》
※Aス＝終止形／Bスル＝連体形。
読 むしロAストモBスルなカレ
訳 むしろAはしてもBはするな

「**A於N**」（於＝于・乎）は、置き字を使って比較を表す句法です。置き字の上のAが**形容詞**か**形容動詞**の場合は**比較**の可能性が高いので、Nには「**ヨリ（モ）**」の送り仮名をつけて文脈を確認しましょう。

「**不若・弗如**」などのように、「若・如」の上に「不・弗」があれば、「**しカず**」と読み、「**〜に及ばない・〜のほうがよい**」と訳します。「しカず」の直前の送り仮名は「**ニ**」です。たとえば「A不若B」なら、「A（は）Bに若《し》かず」で「AはBに及ばない・AよりBのほうがよい」と訳します。つまり、**「不若」の下に書かれていることのほうがよい**のです。

「**A孰若B**」は「**AとBとどちらが勝《まさ》っているか**」という疑問の訳ですが、**実質はBがよいと思っている**ことが多いです。つまり、「A（する）よりB（するほう）がよい」ということで、**「孰若」の下に書かれていることのほうがよいと思って問うている**場合が多いのです。

「**無若・莫如**」などのように、「若・如」の上に「無・莫」があれば、「**しクハなシ**」と読み、「**〜が一番よい**」と訳します。「しクハなシ」の**直前の送り仮名は「ニ」**です。**「無若」の下に書かれていることが最上**です。

「無レAレ焉」の「焉」は、上にレ点がついているので置き字ではなく「これ」と読みます。Aは**形容詞か形容動詞の連体形**で、形容詞であれば「〜き」、形容動詞であれば「〜なる」となります。「**これヨリAハなシ**」で「**これが一番Aだ**」という最上の句法です。

「**寧A無B**」は、白文でも「**むしロAストモBスルなカレ**」と読めるようにしましょう。

PRACTICE

次の文を書き下し文にして現代語訳せよ。なお、送り仮名は省略している箇所もある。

① 百聞ハ不レ若二一見一。

▼ 書 百聞は一見に若かず。

訳 百回聞くより一回見るほうがよい。

（「しカず」の直前の送り仮名は「ニ」）

② 無レ如レ大《だい》ナルニ。

▼ 書 大なるに如くは無し。 訳 大きいのが一番よい。

（「無如」は「しクハなシ」と読み、下の内容が最上）

③ 寧為《な》ルトモ二鶏口《けいこう》ト一無レ為二牛後《ぎうご》ト一。

ヒント！ 鶏口＝鶏の口。 牛後＝牛の尻。

▼ 書 寧ろ鶏口と為るとも牛後と為る無かれ。

訳 むしろ鶏の口となっても牛の尻にはなるな。

（「寧A無B」は「寧《むし》ろAすともBする無かれ」）

④ 泣クハ孰二与笑一フニ。

▼ 書 泣くは笑ふに孰与れぞ。

訳 泣くのと笑うのとどちらが勝っているか。

（「A孰与B」は、AとBを比較した疑問）

①「百聞」よりも「不若」の下の「一見」のほうがよいということです。

②「無如」の下の「大」が最上です。「しクハなシ」の直前の送り仮名は「二」です。助詞「に」は、活用語なら連体形に接続するので「大なる」です。

③「為《な》る」は四段活用なので、終止形も連体形も「為る」です。よって、「Aす」も「Bする」もどちらも「為る」となります。③は、「鶏口牛後《けいこうぎゅうご》」という有名な四字熟語のもとになったものです。「鶏口」は「鶏の口」で「小さい集団のトップ」のたとえ、「牛後」は「牛の尻」で「大きい集団の末端」のたとえです。「鶏口牛後」とは、「小さい集団のトップにはなっても、大きい集団の末端にはなるな」という意味で、「小さな組織であってもリーダーとなり、大きな組織の末端で甘んじてはいけない」ということです。

④「A孰与B」は、AとBを比較してどちらが勝っているかという疑問ですが、実質はBのほうがよいと思っていることが多いので、「泣くより笑うほうがよい」と言いたいのです。

願望

願望は、最後が「ン」か**命令形**のどちらになっているかがポイントです。「ン」であれば「**どうか〜したい**」という**自分の願望**です。この「ン」は意志の助動詞「む」なので、直前は**未然形**になります。一方、**命令形**であれば「**どうか〜してください**」という**相手への願望**です。

POINT **願望**

願《ハクハ》〜
読 ねがハクハ〜ン／命令形
訳 どうか〜したい／してください

請《フ》〜
読 こフ〜ン／命令形
訳 どうか〜したい／してください

庶《こひねが》・幾《こひねが》・冀《こひねが》・庶幾《こひねがハクハ》〜
読 こひねがハクハ〜ン／命令形
訳 どうか〜したい／してください

PRACTICE

次の文をそれぞれ現代語訳せよ。

① 願《ハクハ》伝《ヘヨ》。 ▼どうか伝えてください。（「伝ヘヨ」は命令形で相手への願望）

② 庶《ハクハ》聞《カン》。 ▼どうか聞きたい。（最後が「ン」で自分の願望）

①最後が命令形なので「どうか〜してください」と訳します。書 願はくは伝へよ。

②「ン」があるので、自分の願望で訳します。書 庶《こひねが》はくは聞かん。

他に「欲《ほっ》ス二N《ヲ》一」（**Nを望む**）や「欲《ス》レV《ント》」（**Vしたいと思う・Vしようと思う**）なども願望です。「Vント」の「ン」も助動詞「む」なので、Vは**未然形**です。

要点整理

1 詠嘆

不《ず》二亦A一乎《や》　※「乎」＝「哉」など。　読 またAずや　訳 なんとAではないか

豈《ニ》不《ず》レA乎《や》　※「乎」＝「哉」など。　読 あニAずや　訳 なんとAではないか

何《ゾ》(其《レ》)A(也《や》)　読 なんゾ(そレ)A(や)　訳 なんとAではないか

2 仮定

若《シ》・如《シ》(〜《バ》)　【文頭・返り点なし】　読 もシ(〜バ)　訳 もし〜ならば

苟《シクモ》(〜《バ》)　読 いやシクモ(〜バ)　訳 もし〜ならば

縦《ヒ》(〜《トモ》)　読 たとヒ(〜トモ)　訳 たとえ〜としても

雖《モ》二〜《ト》一　読 〜トいへどモ　訳 たとえ〜としても　訳 〜けれども

3 比較

※このポイント内共通で、不＝弗／無＝莫・毋など。

A二於N《ヨリ(モ)》一　※N＝名詞 or 連体形。　読 Nヨリ(モ)A　訳 Nより(も)A

不レ若《カ》二～《ニ》一　※若＝如。　読 ～ニしカず　訳 ～に及ばない・～のほうがよい

A《(スルハ)》孰《レゾ》二-若B《(スル)ニ》一　※若＝与／Aスル・Bスル＝連体形。　読 A(スルハ)B(スル)ニいづレゾ　訳 A(するの)とB(するの)とどちらが勝《まさ》っているか

無《シ》レ若《クハ》二～《ニ》一　※若＝如。　読 ～ニしクハなシ　訳 ～が一番よい

無《シ》レA《ハ》レ焉《これヨリ》　読 これヨリAハなシ　訳 これが一番Aだ

寧《ロ》A《ストモ》無《カレ》レB《スル》　※Aス＝終止形／Bスル＝連体形。　読 むしロAストモBスルなカレ　訳 むしろAはしてもBはするな

4 願望

願《ハクハ》～　読 ねがハクハ～ン／命令形　訳 どうか～したい／してください

請《フ》～　読 こフ～ン／命令形　訳 どうか～したい／してください

庶《こひねが》・幾《こひねが》・冀《こひねが》・庶幾《こひねがハクハ》～　読 こひねがハクハ～ン／命令形　訳 どうか～したい／してください

欲《ス》レV《ント》　※Vは未然形。　読 Vントほっス　訳 Vしたい(Vしよう)と思う

重要事項はコレダケ！

一問一答

動画で暗唱！

01
「不㆓亦Ａ㆒乎」の訳は？

なんとＡではないか

02
「豈不Ａ乎」が詠嘆の場合の読みは？

あにＡずや

03
「何其《ソ》レＡ」の訳は？

なんとＡではないか

04
文頭の「如」に返り点がなく、「バ」とセットで用いられる場合の送り仮名も含めた読みは？

もし

05
「苟」の送り仮名も含めた読みは？

いやしくも

06 「苟」の訳は？

もし～ならば

07 「トモ」とセットで用いる「縦」の訳は？

たとえ～としても

08 「雖」の直前の送り仮名も含めた読みは？

といへ《え》ども

09 「雖」は逆接だが、仮定？ 確定？ 仮定確定両方？

仮定確定両方

10 「A於N」のAが形容詞の場合、Nの送り仮名は何から考える？

ヨリ（モ）

11 「不若」の直前の送り仮名も含めた読みは？

にしかず

12 「A不如B」の場合、A、Bどちらのほうがよい？

B

13 「A孰若B」の場合、A、Bどちらのほうがよい？

B

14 「無如」の直前の送り仮名も含めた読みは？

にしくはなし

15 「無若A」の訳は？

Aが一番よい

16 「無レAレ焉」の読みは？

これよりAはなし

17 「寧A無B」の読みは？

むしろAすともBするなかれ

18 「願～」の最後が命令形の場合の訳は？

どうか～してください

19 「請～」の最後が「ン」の場合の訳は？

どうか～したい

20 「庶幾」の送り仮名も含めた読みは？

こひ《い》ねがは《わ》くは

基本練習

（解答と解説は別冊P013）

1

次の傍線部の送り仮名も含めた読み方として適当なものを、それぞれ後の中から1つずつ選べ。なお、返り点を省略している箇所もある。

4点（各2点）

① 苟存《スレバ》二於吾体《ガ》一、……

〔ア いやしくも　イ いづくんぞ　ウ あに　エ たとひ〕

② 不若レ養《ハシムルニ》レ蚕《ヲ》。

〔ア もしくはなし　イ しくはなし　ウ しかず　エ いかん〕

①

②

2

次の傍線部の送り仮名も含めた読み方を、歴史的仮名遣いでそれぞれ書け。なお、送り仮名を省略している箇所もある。

8点（各4点）

① 縦不レ得ニ扶《ふ》持《ち》一スルコトヲ……

② 庶読マン。

①

②

3 「豈ニ不ニ過ツコト甚ダシカラ一哉。」の解釈として適当なものを、次の中から1つ選べ。 5点

ア きっとあやまりではない
イ とんでもないあやまりだ
ウ どうして間違いだと言い切れるのか
エ 決して度が過ぎたことではない

4 「不㆓亦可㆒ナラ乎。」の解釈として適当なものを、次の中から1つ選べ。 5点

ア　なんと当然ではないか。
イ　また許可しないのか。
ウ　これも当然ではないことよ。
エ　どうか許可してほしい。

5 「寧人負㆑我毋㆓我負㆑人。」の解釈として適当なものを、次の中から1つ選べ。 6点

ア　むしろこの人は私に負けたが、私はこの人に負けたかった。
イ　どうしてこの人が私に負けたのに、私がこの人に負けたことになっているのか。
ウ　むしろ他人が自分に背いても、自分が人に背くことはするな。
エ　どうして他人が自分に背いたのに、私は他人に背くことができないのだろうか。

6

次の文をすべて平仮名(歴史的仮名遣い)でそれぞれ書き下し文にせよ。なお、送り仮名を省略している箇所もある。

36点(各6点)

❶ 若有㆓告㆑グル余《よ》ニ者㆒、……

❷ 莫㆑若㆓狸《り》奴《ど》㆒。

ヒント! 狸奴＝猫。

❸ 雖㆑為㆑之ヲ、……

ヒント! 為＝終止形は「為《な》す」。

❹ 無㆑高㆑焉。

5 何其疎《おろそ》カナル也。

6 欲レ聞。

7 次の文をそれぞれ現代語訳せよ。なお、送り仮名を省略している箇所もある。

36点（各6点）

1 豈ニ不レ哀シカラ哉。

2 不レ如レ獣。

3 願ハクハ飲メレ薬。

4 防《ふせ》グハ二民之口一ヲ、甚ダシ二於防一レ水ヲ。

ヒント！ 防水＝水の流れを防ぐこと。

5 秋ハ孰二‐与春一ニ。

6 莫レ如レ夏。

SCORE

／100点

Chapter

9 「以」・「すなはチ」

講師　岡本梨奈

授業動画へアクセス

いよいよ最後のチャプターです。ここまでのチャプターで、一般的に「句法」と言われているものはすべて学習済みです。このChapter 9では、「**以**」の文字を使った用法と「**すなはチ**」と読む漢字と訳し方の違いを学習します。それぞれ読み方しか理解していない人も多いのですが、訳が問われる場合も多くありますので、最後にこれらもきちんと理解して漢文の読解問題にも万全の状態で臨めるようにしましょう！

「以」

「**以**」は「**もつテ**」と読み、漢文の中に意外とたくさん出てきます。読みは理解していても、「以」に関してあまり意識していないという人もけっこういます。たくさんの用法がありますので、3回に分けて確認していきましょう。

POINT 「以」①

以テレAヲ為スレBト　読 **Aヲもつテ Bトなス**　訳 **AをBと思う・AをBとする**

以テ為スレBト　読 **もつテ Bトなス**　訳 **Bと思う**

以為ヘラク～ト。　読 **おもヘラク～ト。**　訳 **～と思う。**

「以A為B」は「以」を用いた用法の中でも特に入試頻出です。AとBには単語や短文が入ることもあるので、**「以」の文字の下に少し離れて「為」**があれば、この用法から考えましょう。白文でも「Aヲもつテ Bトなス」と読めるようにしてください。この読み方だけでも、選択肢で正解を選べることがあるくらい重要です。訳は「AをBと思う・AをBとする」です。

このAが省略されたものが、次の「以為B」です。先ほどの「Aヲ」がないだけですから、「**もつテ Bトなス**」と読み、「**Bと思う**」と訳します。

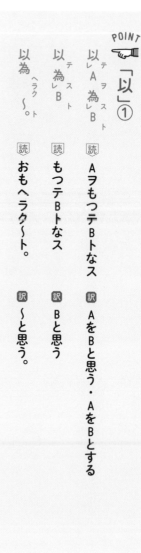

そして、同じく「以」の真下に「為」がある「以為～」は「**おもへラク～**」と読み、「**～と思う。**」と訳します。読みがよく出題されます。白文のときの「以為B」と「以為～」の違いは、「以為」の下の長さです。短い場合は「以為B」、長い場合は「以為《おもへラク》～」です。返り点がついている文で、「為」の下に返り点があれば「以為レB」（もつテBトなス）、なければ「以為《おもへラク》～」です。また、白文だとしても、問題になっていなければ訳はどちらも同じですから、どっちなのか深く考える必要はありません。**「以為」の下の内容を思っているとわかればよい**です。

PRACTICE

次の白文を書き下し文にして現代語訳せよ。

以桓公為太子。

ヒント！ 桓公＝人名。 太子＝皇太子。

▼書 桓公を以て太子と為す。 訳 桓公を皇太子とする。
（「以」の下に少し離れて「為」があることに注目する）

「以」と「為」が少し離れてセットで用いられているので、「以A為B」と考えます。

POINT 「以」②

以テ二～ヲ一　読 ～ヲもつテ　訳 【理由・手段】～で

以テ二～ヲ一Vス。
※Vス＝終止形。
読 ～ヲもつテVス。
訳 【理由】～だからVする
【手段】～でVする
【目的】～をVする

VスルニUテス二～ヲ一。
※Vスル＝連体形。
読 Vスルニ～ヲもつテス。
訳 【理由】～だからVする
【手段】～でVする
【目的】～をVする

「～ヲ以《もっ》テ」の「以」は基本的には理由・手段を表します（⬇Chapter 6 p123）。

1つ目は、文末であれば「以テ〆二～ヲ一。」で「～ヲもつテス。」と読み、「～でする。」と訳します。「也」がついた**「以テ二～ヲ一也。」（～ヲもつテなり。）**もあり、**「～だからである。」**と訳します。

1つ目の下に動詞がついた形が、2つ目の「以テ二〜ヲ一Vス。」です。これも**理由・手段**の訳ですが、**目的**になる場合もあるので、文脈で判断してください。なお、ポイントでは文末にある形で「Vス」としていますが、下に続く場合は適切な活用形で読みましょう。

2つ目の形が倒置して、動詞が上にあるものが3つ目です。読み方が重要で「**Vスルニ〜ヲもつテス**」です。古文文法でも助詞「**に**」の上は**連体形**なので、古文が得意な人は、このVには「ニ」の送り仮名がつくと覚えておけば、Vを連体形にすることはその場でわかるはずです。訳は2つ目と同じで、**理由・手段・目的**のどれかを文脈で判断します。

PRACTICE

次の文を書き下し文にして現代語訳せよ。なお、送り仮名は省略している箇所もある。

① 以レ筆書。
▼書 筆を以て書く。 訳 筆で書く。
(「以」の下にV「書」があるので「〜ヲもつテVス」)

② 導レ民ヲ以レ政《まつりごと》。
▼書 民を導くに政を以てす。 訳 政治で人民を導く。
(「以」の上にV「導」があるので「Vスルニ〜ヲもつテス」)

①「書」の終止形は「書く」。この「以」は手段で「筆で書く」と訳します。
②「導」の終止形は「導く」で四段活用です。よって、連体形も「導く」。この「以」も手段です。

それでは「以」の最後に、**「もつテ」と読むけれど、解釈の際には無視してOK**の「以」を2つ確認しておきましょう。

POINT **「以」③**

V《テ》以《テ》V 読 **Vテもつテ V** 訳 **Vして、（そして）Vする**

以《テ》V 読 **もつテV** 訳 **Vする**

「以」の直前の送り仮名が「テ」の場合は、前後の動詞をつなぐ接続詞です。イメージは「&」。大筋を取るだけであれば、「そして」は無視しても問題ないので、この「以」は無視してOKです。

単独でVの上にある「以」は動詞を導く働きで、解釈には反映しませんので、無視してOKです。

PRACTICE

次の文をそれぞれ現代語訳せよ。

① 追《ヒテ》以《テ》与《フ》。

▼追いかけて(そして)与える。(この「以」は接続詞「そして」)

② 以《テ》望《ム》。

▼望む。(動詞の上の単独「以」は無視してOK)

①「以」の直前の送り仮名が「テ」なので、この「以」は接続詞「そして」です。「もつテ」と読みますが、解釈上では「そして」はなくても問題ありませんので、「追いかけて(＝追って)与える」でも正解とします。書 追ひて以て与ふ。

②単独で動詞「望む」の上にある「以」は「もつテ」と読みますが、解釈の際には無視してかまいません。書 以て望む。

「すなはチ」

「**すなはチ**」と読む漢字は複数あります。訳し方が違うので、それぞれ**文字と訳をセット**で覚えましょう。単純に「読み」を問われることもあるので、「すなはチ」の読みも押さえてください。

POINT

「すなはチ」と読む漢字

則 「～バ則チ」「～ハ則チ」の場合は無視してOK
即 訳 すぐに
便 訳 すぐに・簡単に
乃 訳 そこで・やっと・なんと
輒 訳 いつも・すぐに
而 訳 そこで・ならば

「**則**」は様々な訳がありますが、特に覚えていなくても支障はありません。直前の送り仮名が「**バ**」か「**ハ**」の場合は、**無視してOK**だと覚えておくと便利です。「～レバ則チ《すなは》」でよく用いられるので、「レバ則《そく》」とも言われています。

「**即**」は現代語でも使うのでわかりやすいですね。

「**便**」は「**便**利」の「便」と覚えておくと、「**すぐに・簡単に**」と覚えやすいはずです（便利なものは、すぐに簡単にできるというイメージ）。

「**乃**」は「**すなはチ**」の中で、一番入試で狙われやすいです。3つの訳「**そこで・やっと・なんと**」があり、文脈で判断が必要だからです。読みも問われやすいです。

「**輒**」も**読み**と**意味**が問われやすいです。2つの訳「**いつも・すぐに**」があるので、こちらも文脈で判断が必要です。

「**而**」の訳はほぼ出題されませんので、置き字や「しかうシテ」などだけではなく、「すなはチ」と読む場合があるということだけ把握しておきましょう。「チ」の送り仮名がついていれば「すなはチ」です。

PRACTICE

次の傍線部をそれぞれ訳せ。

① 馳《は》スルコト三日ニシテ乃チ達ス。　▼やっと（三日間で「やっと」到着したのです）

ヒント！ 馳スルコト＝馬を走らせること。

② 座シテ即チ食ラフ。　▼すぐに（「即」は「すぐに」の意味）

①「乃」は「そこで・やっと・なんと」の訳があり、ここでは三日間馬を走らせて「やっと」到着したと訳すとピッタリです。 書 馳すること三日にして乃《すなは》ち達す。

② 書 座して即ち食らふ。 訳 座ってすぐに食べる。

要点整理

1 「以」を用いた用法

以《テ》レA《ヲ》為《ス》レB《ト》　読 Aヲもつテ Bトなス　訳 AをBと思う・AをBとする

以《テ》為《ス》レB《ト》　読 もつテBトなス　訳 Bと思う

以為《ヘラク》〜《ト》。　読 おもへラク〜ト。　訳 〜と思う。

以《テ》二〜《ヲ》一　読 〜ヲもつテ　訳 【理由・手段】〜で

以《テ》二〜《ヲ》一V《ス》。　読 〜ヲもつテVス。　訳
- 【理由】〜だからVする
- 【手段】〜でVする
- 【目的】〜をVする

※Vス＝終止形。

V《スルニ》以《テス》二〜《ヲ》一。　読 Vスルニ〜ヲもつテス。　訳
- 【理由】〜だからVする
- 【手段】〜でVする
- 【目的】〜をVする

※Vスル＝連体形。

V《テ》以《テ》V　読 Vテもつテ V　訳 Vして、(そして)Vする

以《テ》V　読 もつテV　訳 Vする

2 「すなはチ」と読む漢字

則　「～バ則チ」「～ハ則チ」の場合は無視してOK

即　訳 すぐに

便　訳 すぐに・簡単に

乃　訳 そこで・やっと・なんと

輒　訳 いつも・すぐに

而　訳 そこで・ならば

重要事項はコレダケ！

一問一答

動画で暗唱！

赤シートでチェック！

01 「以A為B」の読みは？

Aをもつ《っ》てBとなす

02 「以A為B」の訳は？

AをBと思う・AをBとする

03 「以為B」の読みは？

もつ《っ》てBとなす

04 「以為～。」（～が長い場合）の読みは？

おもへ《え》らく～（と。）

05 「V以二～一。」の読みは？

Vするに～をもつ《っ》てす

06
「Vテ以テV」と「以V」（動詞の上の単独）の「以」は解釈の際どうする？
無視する

07
「則・即・便・乃・輒・而」の共通の送り仮名も含めた読みは？
すなは《わ》ち

08
「即チ」の訳は？
すぐに

09
「乃チ」の訳は？
そこで・やっと・なんと

10
「便チ」の訳は？
すぐに・簡単に

11
「輒チ」の訳は？
いつも・すぐに

基本練習

（解答と解説は別冊P015）

1 「即《チ》」と同じ読み方をする文字として適当なものを、次の中から1つ選べ。 3点

ア 矣　イ 而　ウ 焉　エ 若

2 「然則」の読み方として適当なものを、次の中から1つ選べ。 3点

ア しかるにそくして
イ しかりといへども
ウ しかりしかうして
エ しからばすなはち

3 「輒」の意味として適当なものを、次の中から1つ選べ。 4点

ア やっと　イ あえて　ウ いつも　エ そこで

4 次の傍線部の読み方と意味の組み合せとして適当なものを、後の中から1つ選べ。 4点

便坐《シテ》……

ア すなはち――すぐに
イ しひて――強引に
ウ しばらく――ひとまず
エ かりに――少しの間

5 次の傍線部の意味として適当なものを、後の中から1つ選べ。 4点

後ニ乃知ル二於走使ヨリ一。

ヒント！ 走使＝使用人。

ア すぐに　イ くわしく　ウ ことごとく　エ やっと

6 「以レ知レ時也。」の解釈として適当なものを、次の中から1つ選べ。 5点

ア 時勢を見抜いているからである。
イ 時勢を理解しているのだろうか。
ウ 時勢を知る方法があればなあ。
エ 時勢を捉えることが重要なのだ。

7 次の傍線部の送り仮名も含めた読み方を、歴史的仮名遣いで書け。 5点

皆以為得ルコトレ之ヲ不トレ謬《あやま》ラ。

8 次の文をそれぞれ書き下し文にして現代語訳せよ。なお、返り点や送り仮名を省略している箇所もある。 72点（各6点）

(1) 以陳《ちん》余《よ》為大将軍。

ヒント！ 陳余＝人名。武将。

書

訳

2

以ニ庖丁一割《さ》ク。

書

訳

3

堯《げう》ノ子丹朱ハ不肖ナリ。乃薦《すす》ムニ舜於天一。

ヒント！ 堯＝伝説上の帝王・聖天子。 丹朱・舜＝人名。 不肖＝愚か者。 薦＝推薦する。 天＝天子。

書

訳

4

行キテレ楚ニ以テ売ルレ之。

ヒント！ 楚＝国名。

書

訳

5 以為例。

ヒント！ 例＝いつものこと。

書

訳

6 辞以二酔ヒテ而不ルヲレ知。

ヒント！ 辞＝終止形は「辞《じ》す」。ここでは「告げた」の意味。

書

訳

SCORE

／100点

巻末付録

漢詩の知識

入試では漢詩が出題されることも多くあります。したがって、漢詩の知識も必要ですが、押さえておくべきことは、「**形式・押韻《おういん》・対句《ついく》・リズム**」の4つのみです。順に見ていきましょう。

・形式

一句の字数が五文字であれば「**五言詩《ごごんし》**」、七文字であれば「**七言詩《しちごんし》**」といいます。
また、四句で構成されていれば「**絶句《ぜっく》**」、**八句**で構成されていれば「**律詩《りっし》**」といい、これらの文字数と句数を組み合わせたものが形式です。

㊞ 一句五文字、八句で構成➡五言律詩 ／ 一句七文字、四句で構成➡七言絶句

・押韻

漢字の**音読みの、最後の母音の響きが同じになるもの**で、たとえば、「詩（s·i）」・「皮（h·i）」などです。五言詩、七言詩ともに、**偶数句末**が押韻しており、七言詩

は**初句の句末**も押韻していることがあります。句末の空欄補充問題があれば、押韻が絡んでいる場合がほとんどです。

・対句

返り点が同じ箇所についており、**品詞や意味、文構造がそれぞれ同じ**であるものが「対句」です（意味は反対の場合もあります）。漢詩の対句は、**隣り合った奇数句・偶数句**です。

律詩では、三・四句と五・六句が原則的に対句になります。どちらかのみや、一・二句、七・八句が対句になっていることもありますが、見た目で簡単に判断可能です。

・リズム

五言詩だと「**2・3**」、七言詩だと「**2・2・3**」（もしくは「**4・3**」）の文字数で意味が区切れる場合が多いので、目安にすると便利です。

漢詩が出題されると、これらに関して問われることが多いため、きちんと押さえておきましょう。

この本を読み終えたアナタに

最後まで本当によく頑張りましたね！

漢文は入試科目の中で、覚えなければいけないことが一番少ない科目です。本書では、漢文読解のために必要な土台や句法などを紹介しましたが、「はじめに」にも書いたとおり、この１冊を終えた今、漢文読解に取り組む力が既についています。漢文は、古文読解のように、主語把握法などを学ぶ必要はありません。学習した土台と句法を使って、読解できるのです。

本書を固めて、プラスアルファで都度押さえていく

とはいえ、本書は頻出の重要句法や漢字（読み・意味）に絞っていますので、万一、読解問題などに取り組んでいて、知らない句法や、読み問題で知らない漢字などに出会った場合は、その都度解説を読んでプラスアルファとして知識を増やしていきましょう。ただし、優先順位は、本書に掲載されているものをまずしっかり覚えること。目標は、**ミニブック**の一問一答を秒速レベルでスラスラ言えるようになっていて、漢字の読み・意味も即わかるレベルにすることです。まだそこまで完成していないのであれば、まずは、それができるようになるまで、**ミニブック**の復習をやり込んでください。苦手な単元があれば、動画を繰り返し見て、さらなる定着をはかるのもオススメです。

読解演習に向けて「漢文読解法」もつかんでおこう

土台と句法以外のコツを、最後にザッとお伝えしておきます。

漢文の問題を解く手順は、基本的に古文と同様で、本文を読む前に「設問、注釈や注マーク、リード文」をきちんと確認しましょう。「漢字の同じ意味」を問う問題は、選択肢を見比べて1つだけ意味が違うものがあれば、それが正解です。読解の際に意味を取るのが困難な漢字は、その漢字を使った二字熟語を思い浮かべられると、スラっと通ることもあります。そして、漢文や漢詩は「対文・対句」になっている箇所も多く、それらを利用して解く問題があります。

また、「人物名の漢字」に気をつけましょう。たとえば、最初に漢字3字の名前が出てきて、次からはその中の1字や2字で同じ人物を表すことがよくあります。よって、名前を正しく読めなくてもかまわないので、使われている漢字は意識するようにしましょう。

本書の内容と、これらの読解法を使って、たくさんの演習問題にチャレンジしてください。

漢文が得点源になるお手伝いができたなら幸いです。

著者　岡本 梨奈

岡本梨奈　Rina Okamoto

リクルート「スタディサプリ」古典講師。大阪教育大学教養学科芸術専攻ピアノ科卒業。自身が受験時代に苦手だった古文を克服し、一番の得点源に変えられたからこそ伝えられる「わかりやすい解説」で全国の受験生から支持されている。著書に『岡本梨奈の1冊読むだけで古文の読み方＆解き方が面白いほど身につく本』『古文ポラリス1・2・3』（以上、KADOKAWA）『高校の古文読解が1冊でしっかりわかる本』（かんき出版）などがある。

※プロフィールは発刊時（2023年7月）のものです

大学受験 ムビスタ MOVIE ✖ STUDY

岡本の
たった3時間で漢文句法

STAFF

ブックデザイン	新井大輔　中島里夏（装幀新井）
イラスト	伊藤ハムスター　くにともゆかり
企画	髙橋龍之助（学研）
編集	留森桃子（学研）
編集・校正協力	株式会社 カルチャー・プロ
校正	佐藤玲子　高倉啓輔　有限会社 マイプラン
映像編集	栗山湧
映像編集協力	マナビズム
販売担当	永峰威世紀（学研）
データ作成	株式会社 四国写研
印刷	株式会社 リーブルテック

大学受験
ムビスタ
MOVIE × STUDY

岡本のたった3時間で漢文句法

別冊

解答解説

軽くのりづけ
されているので、
外して使いましょう。

解答・解説

返り点・書き下し文・置き字

本冊 p026

1
①ウ ②オ ③イ ④エ ⑤ア

2
① [2]レ[1]
② [3]二[1][2]一
③ [1][6]二[2][4]レ[3][5]一[7]
④ [6]三[1][5]二[2][3][4]一[7]
⑤ [6]下[1][4]二[2][3]一[5]上
⑥ [1][9]下[4]二[2][3]一[5][8]中[6][7]上
⑦ [4]二[1][3]レ[2][5]
⑧ [7]下[1][4]二[2][3]一[6]上[5]
⑨ [1][4]二-[5][2][3]一
⑩ [7]三-[8][6]二[1][4]レ[3]レ[2][5]一

3
①イ ②エ ③ウ ④ウ ⑤イ ⑥ア ⑦イ

4
① 舟を移して煙渚に泊す。
② 人の長安より来たる有り。
③ 之に飲食せしむ。
④ 之を奇とせざる莫し。
⑤ 何ぞ其の泥を淈して、其の波を揚げざる。
⑥ 恥と為す所以に非ず。

解説

2 ⑩ 最初の□に三点ハイフンがついているので、最初の2つの□は、二点がついている□を読んだ後に連続で上から読む。二点がついている□は一点がついている□の次に読むので飛ばして、4つ目の□を最初に読む。

4 ① 訳 舟を移動して夕もやに包まれた岸辺に舟宿りをする。
② 「従」は助詞なので平仮名に直す。訳 長安から来た人がいる。
③ 訳 彼に飲食させる。 ④ 「不」は助動詞なので平仮名に直す。訳 彼をすぐれていないと思う人はいない。 ⑤ 「不」は平仮名に直し、「而」は置き字なので書かない。訳 どうしてその泥をかき回して濁して、その波を高く上げようとしないのか。 ⑥ 訳 恥とする理由ではない。

POINT
現時点で訳はわからなくても問題なし。正しく書き下せたらOK！

Chapter 2

語順・返読文字

本冊 p050

1

① 屈原(S) 遊(V) 於江潭(C)。 ② 濯フ(V) 吾ガ足(O)。 ③ 漁夫(S) 笑(V)。

④ 傭フ(V) 一夫(O) 於家(C)。 ⑤ 若(S) 知(V) 其ノ職(O) 乎。 ⑥ 我(S) 鬼ナリ(V)。

⑦ 不ルレ(助) 為サレ(V) 之(O) 也(助)。 ⑧ 我(S) 已(副) 忘(V) 言(O)。

⑨ 有レ(V) 吏(S) 夜 捉フレ(V) 人(O)。 ⑩ 不レ(助) 見(V) 来者(O)。

2

① B ② A ③ A ④ B ⑤ A

⑥ B ⑦ B ⑧ A ⑨ B ⑩ A

3

① 声を聞く。

② 過ち有り。

③ 荘子濮水に釣る。

④ 長安を見ず。

⑤ 王臣と酒を飲む。

⑥ 王姫に花を与ふ。

解説

1

POINT
まずはV(述語)から探すことがポイント。

① 書 屈原江潭に遊ぶ。 訳 屈原は川の淵にさまよい歩く。 ② 書 吾が足を濯ふ。 訳 自分の足を洗う。 ③ 書 漁夫《ぎょふ》笑ふ。 訳 漁師が笑う。 ④ 書 一夫《いっぷ》を家に傭《やと》ふ。 訳 一人の男を家に雇う。 ⑤ 書 若《なんぢ》其《そ》の職《しょく》を知るか。 訳 あなたはその職分を知っているか。 ⑥ 「鬼」は重要単語で「幽霊」の意味。「鬼」は動詞ではないが、「私は幽霊である」で「鬼ナリ」の部分が述語。 書 我は鬼《き》なり。 訳 私は幽霊である。 ⑦ 「不」は打消の、「也」は断定の助動詞。「也」以外の助動詞はVの上にあり、V「為」の下にある「之」はO(目的語)。 書 之《これ》を為《な》さざるなり。 訳 これをしないのである。 ⑧ S(主語)である「我」とV「忘」の間にある「已」は副詞。 書 我已《すで》に言《げん》を忘る。 訳 私はすでに言葉を忘れた。 ⑨ 「有」は返読文字で

下の「吏」がS。「捉」もVで、下の「人」はO。書吏《り》有り夜人を捉《とら》ふ。訳役人がいて夜に人を捕らえた。❿書来者《らいしゃ》を見ず。訳未来の人々を見ない。

2

❶・❼は文末につくもの。❹・❻は副詞。❾は置き字。

3

POINT

V（述語）に目星をつけて、語順で構成要素を考えて送り仮名をおくるとよい。

❶「聞」がVで、下の「声」はO。訳声を聞く。❷「有」は返読文字なので、「過」がSで、「過」から返って読む。訳過ちがある。❸置き字「於」の下はC（補語）。「場所にV」と読み、「場所でVする」と訳す。訳荘子が濮水で釣りをする。❹助動詞「不」は返読文字で、V「見」から返って読む。Vの下の「長安」はO。訳長安を見ない。❺前置詞「与《と》」は返読文字で「臣と」となる。「与臣」が前置詞を含む句なので、「王」はS。V「飲」の下の「酒」はO。訳王が私と酒を飲む。❻「与」がVで、上の「王」がS。Vの下に「姫」と「花」の2つの名詞の塊があり、置き字がないので、「姫」がC、「花」がOとなる。訳王が姫に花を与える。

Chapter
3 再読文字

本冊 p064

1 エ　2 ア　3 ウ　4 オ

5
① 書 盍ぞ此を行はざる。
訳 どうしてこれを行わないのか(行ったらよいではないか)。
② 書 且に死せんとす。　訳 今にも死にそうになる。
③ 書 当に学問すべし。　訳 当然学問をすべきである。
④ 書 未だ寝ず。　訳 まだ寝ない。
⑤ 書 由ほ笑ふがごとし。　訳 まるで笑っているようだ。
⑥ 書 須らく汝に書を与ふべし。
訳 必ずあなたに書物を与える必要がある。
⑦ 書 宜しく速やかに之を改むべし。
訳 速やかにこれを改めるのがよい。

解説

3 「いまだ～ず」は「未」、「きやう」の発音は「きょう」で「境」、「うかが(は)」は「窺」が該当するので、「於」は置き字と考えられる。「於」に返り点がついていて読む形になっているア・オは不適。「未」は再読文字なので、返り点がついていないイも不適。「未」の2回目の読みが「うかがはず」と「窺」から戻って読んでいることを目印にして確認するとウが正解。エは「境」から「未」に戻ることになるので不適。ちなみに、置き字「於」の下の「境」がO(目的語)になっている文である。書 未だ境を窺はず。訳 まだ国境にたどりつかない。

4 「まさに～んとす」は「将」。2回目の読みが「まなばんとす」と「学」から戻って読んでいることを目印に確認すると、エかオとなる。「もつて」は「以」なので、「論語之書」から戻って一・二点で読めているオが正解。書 今将に論語の書を以て諸君と相ひ従ひて学ばんとす。訳 今から『論語』という書物について諸君とともに学ぼうとする。

5 ❶V「行」の下の「此」はO。 ❷漢文では、動詞「死」はナ変ではなくサ変で「死す」。ここでは未然形にして「死セ」(んとす)」と読む。 ❸「学問」は「学問す」とサ変の複合動詞にして考えるとよい。 ❺「笑」は四段活用で終止形は「笑ふ」。２回目の読み「ごとし」の直前は、連体形「笑ふ」に「が」をつける。 ❻V「与」の下の「汝」はC、「書」がO。 ❼「改」の終止形は「改む」。下の「之」はO。

Chapter 4 否定

本冊 p092

1 ❶ウ ❷イ ❸ア

2 ❶A ❷B

3 ❶已む(こと)能はず。 ❷必ずしも愛せられず。 ❸吾未だ嘗て見ゆることを得ずんばあらざるなり。 ❹其の臣に非ざる(は)莫し。 ❺賢と無く、不肖と無く、

解説

2 ❶書 尽《ことごと》く食らはず。訳 すべて食べない。 ❷書 尽くは食らはず。訳 すべて食べるとは限らない。

3 ❶「不能」は「能《あた》はず」。訳 やめることができない。 ❷部分否定で「必ずしも～ず」。訳 必ず愛されるとは限らない。 ❸「ずンバアラず」の読みがポイント。断定「也」の直前は連体形なの

⑥敢へて視ず。 ⑦常には油を得ず。
⑧草の生ずること無きに非ず。
⑨国として亡びざるは無し。
⑩復た字を習ふことを事とせず。
⑪告げざるべからず。 ⑫倶に知らず。

4

①用いないことは決してない。
②失わないものはない。 ③いつも喜ぶとは限らない。
④今まで一度もこれを読んだことがない。
⑤変更しないならば、進むことはできない。

で、「未」の2回目の読みは「ざる」。「也」は平仮名に直す。「見《まみ》ゆ」は「会う」の謙譲語。【訳】私は今まで一度も拝謁できなかったことはないのである。④「莫非」は「～に非《あら》ざる(は)莫《な》し」。【訳】その臣民ではない者はいない。⑤「賢」と「不肖」は対義語。【訳】賢者と愚か者の区別なく、⑥【訳】決して見ない。⑦部分否定で「常には～ず」。V「得」の下の「油」はO。【訳】いつも油を得られるとは限らない。⑧助詞「之」は平仮名に直す。【訳】草が生えることがないのではない。⑨【訳】滅びない国はない。⑩部分否定で「復《ま》た～ず」。【訳】二度とは字を習うことをしない。⑪「告ぐ」は下二段活用。未然形は「告げ」。【訳】告げなければいけない。⑫全部否定で「倶《とも》に～ず」。【訳】両方とも知らない。

4 ①「不敢」と「不」に分けて、下から「～しないことは決してない」と訳す。【書】敢へて用ひずんばあらず。②【書】失はざる(は)無し。③部分否定。【書】常には説ばず。④【書】未だ嘗て之を読まず。⑤上が「不ンバ」なので仮定条件。「不能」は「～できない」。【書】変ぜずんば、進むこと能はず。

Chapter

5 使役・受身

本冊 p114

1 イ　2 受身　3 使役　4 エ　5 受身

6 君主に称せらる。

7 ❶書 晋の文侯李離をして大理と為さしむ。
訳 晋の文侯は李離に司法長官をさせる。

❷書 犬の吠ゆる所と為る。　訳 犬に吠えられる。

❸書 人をして其の志を継がしむ。
訳 人にその志を継がせる。

❹書 将を遣はし関を守らしむ。
訳 部将を派遣して関所を守らせる。

❺書 筑紫に配せらる。　訳 筑紫（の国）に配流される。

❻書 宝を奪はる。　訳 宝を奪われる。

❼書 弟子をして議せしむ。　訳 弟子に議論させる。

解説

4 エは否定「ず」。

6 「称す」はサ変。未然形は「称せ」でa段以外なので、受身の送り仮名は「ラル」をつける。訳 君主に称賛される。

7 ❶使役の助動詞「使《し》ム」とV「為《な》す」（為さ）の間の「李《り》離《り》」はNで、「ヲシテ」の送り仮名をつける。❷「吠ゆ」はヤ行下二段活用で連体形は「吠ゆる」。❸「継」がV「継《つ》ぐ」。助動詞「使」と動詞「継」の間の「人」がN。「継ぐ」の未然形は「継が」。❹「遣はし」が使役を暗示する動詞なので、下の「守」には送り仮名で「シム」をつける。「守」の未然形は「守ら」。❺「被」はV「配」の上にあり、返り点もついているので受身の助動詞。「配せ」は最後がa段以外なので、「被」は「らル」と読む。❻「見」はV「奪」の上にあり、返り点もついているので受身の助動詞。「奪ふ」の未然形は「奪は」でa段なので、「見」は「る」と読む。❼「令」は使役の助動詞。「議」の終止形は「議す」でサ変。

Chapter

6 疑問・反語

本冊 p142

1 イ　2 ア　3 ウ　4 エ　5 エ　6 ア

7 いくばく　8 なんのことかこれあらん

9
① どうして待つだろうか、いや、待たない。
② 何を夢見るのか〔＝何の夢を見たのか。〕
③ 庶民がどうしてこれを得るだろうか、いや、得ない。
④ 学問の道が、どうしてここで止まるだろうか、いや、止まらない。
⑤ 誰が御史を呼んで来させるのか。
⑥ どこに行くのか。
⑦ どうして私の捕虜となるのか。
⑧ 何の事件があるだろうか、いや、何の事件もない。
⑨ どうして大事にしないだろうか、いや、大事にする。
⑩ 他人に味方するのは、どうしてなのか。
⑪ 月が(出)ないのをどうしようか、いや、どうしようもない。
⑫ どうしてその罪を償うだろうか、いや、償わない。

解説

1 「奚」は「何」と同じ。「寡人」は王や諸侯が使う一人称。書 奚《なん》ぞ寡人《くわじん》に見《まみ》ゆるが為《ため》にして、…… 訳 どうして私にお目にかかるために、……

2 「何ゾ～ン」なので反語。イ～エは疑問の訳なので不適。「何ゾ」の訳が、ウ「何を」やエ「どこに」になっていることも不適。書 何ぞ謝を用ゐて為《な》さん。

3 4 文末の「何如」は「いかん」と読み、状態や結果の疑問で「～はどのようであるか」と訳す。4 でその訳がとれるのはエのみ。イは手段の疑問の訳で不適。書 君に於いては何如《いかん》。

7 「幾何」は「いくばく」と読み、数量の疑問や反語。ただし、

「幾何も無くして」は「どれくらいもなく」➡「間もなく」の意味。

9 ①「ンヤ」は反語。書 何ぞ待たんや。②「ン」がないので疑問。書 何をか夢みる。③「安クンゾ～ンヤ」は反語で「どうして～だろうか、いや、～ない」と訳す。書 庶人安《いづ》くんぞ之を得んや。④「豈ニ～ン哉《や》」は反語で「どうして～だろうか、いや、～ない」と訳す。書 学問の道、豈《あ》に此《ここ》に止《とど》まらんや。⑤「ン」がないので疑問。「誰か～」は「誰が～か」。「シムル」は使役の助動詞「シム」の連体形。書 誰《たれ》か御史《ぎょし》を喚《よ》び来たらしむる。⑥「何」の送り仮名が「クニカ」なので、「いづクニカ」と読み「どこに」と訳す。書 何《いづ》くにか適《ゆ》く。⑦「ン」がないので疑問。「何為～」は「どうして～か」。書 何為《なんす》れぞ我が禽《とりこ》と為《な》る。⑧書 何の事か之れ有らん。⑨「敢不～乎《や》」は反語で「どうして～しないだろうか、いや、～する」と訳す。書 敢へて敬せざらんや。⑩「～何也。」は疑問の意味しかない。書 他人に与《くみ》するは、何ぞや。⑪文末が「何」で上の少し離れたところに「如」があるので、間の「無月」はO（目的語）。「如目的語何」は手段の疑問か反語で、「目的語をどうしようか」か「目的語をどうしようか、いや、どうしようもない」と訳す。ここでは「月がない〔＝出ない〕こと」が目的語で、どうしようもないことなので反語で訳す。書 月無きを如何《いかん》せん。⑫「寧」は反語。よって、書き下し文であれば「贖」は、未然形「贖《つぐな》は」に「ん」をつけて「贖はん」とすればよい。書 寧《いづ》くんぞ其の罪を贖《つぐな》はんや。

Chapter 7 抑揚・限定・累加

本冊 p165

1 ウ 2 エ 3 ウ 4 エ

5 ① ただ ② ウ 6 ① のみ ② イ 7 ア

8 ① 書 四国すら猶ほ乱る、況んや一人をや。 訳 四方の国でさえ乱れる、まして一人の人間ならなおさらだ。

② 書 惟だ二大蛇を見るのみ。 訳 ただ二匹の大蛇を見るだけだ。

③ 書 況んや怨敵をや。 訳 まして恨みを持った敵国ならなおさらだ。

④ 書 豈に惟だに怠るのみならんや。 訳 どうしてただ怠るだけであろうか、いや、怠るだけではない。

⑤ 書 独り大王のみ。 訳 ただ大王だけだ。

⑥ 書 唯だに説ぶのみならず、而して亦泣く。 訳 ただ単に喜ぶだけではなく、また泣く。

解説

1 書 況《いは》んや人をや。 訳 まして人間ならなおさらだ。

3 書 而《しか》るを況んや明哲《めいてつ》に於《お》いてをや。

4 「スラ尚《な》ホ」は「さえ」、「況ンヤ」は「まして」と訳す。「兮」は整調の置き字で、詩の中で用いる(設問文は「歌」の一節だが、リズムを整える働きは同じ)。 書 飛鳥《ひてう》すら尚ほ然《しか》り況んや貞良《ていりやう》に於いてをや。

5 書 惟だ聞くのみ。 訳 ただ聞くだけだ。

6 この「如」は助動詞、「而已」は助詞で、書き下し文では平仮名にする。「如レ此」は「かクノごとシ」と読み、「このようだ」と訳す。イ「只」の読みは「たダ」。 書 此くのごときのみ。 訳 このようなだけだ。

7 反語と限定がセットで用いられた形の累加で、直訳は「どうしてただ読むだけであろうか、いや、読むだけではない」となる。選択肢でこれと同じ解釈はアのみ(結論だけの解釈)。「たダニ」の漢字に、難しい「徒」を使用しているが、送り仮名や前後の読みから考える。イは疑問、ウは限定、エは反語でそれぞれ不適。書 豈に徒だに読むのみならんや。

8 ①「Aスラ猶《な》ホB、況ンヤCヲや」の読みを踏まえて送り仮名をつけて書き下す。②「惟」は送り仮名「ノミ」とセットでよく用いる。③「況」の文字に気づいたら、抑揚の句法から考える。「況ンヤCヲや」の読みを踏まえて送り仮名をつけて書き下す。④反語と限定がセットで用いられた累加の句法。「豈ニ惟ダニAノミナランヤ」の読みを踏まえて送り仮名をつけて書き下す。助詞「のみ」は活用する語には連体形に接続する。「怠《おこた》る」は四段活用なので、連体形は「怠る」。⑤「独～耳」は「ひとリ～のみ」と読み、「ただ～だけだ」と訳す限定の句法。⑥「不唯A、而亦B」は「唯ダニAノミナラず、而《しか》シテ亦B」と読み、「ただ単にAだけではなく、またB」と訳す累加の句法。累加の「唯」は「たダニ」と「ニ」を入れて読むことがポイント。

本冊 p192

1 ①ア ②ウ 2 ①たとひ ②こひねがはくは
3 イ 4 ア 5 ウ
6 ①もしよにつぐるものあらば、
②りどにしくはなし。
③これをなすといへども、
④これよりたかきはなし。
⑤なんぞそれおろそかなるや。
⑥きかんとほっす。
7 ①なんと哀しいではないか。
②獣に及ばない。（獣のほうがよい。）
③どうか薬を飲んでください。
④民の口を防ぐのは、水の流れを防ぐことよりも甚だしい。
⑤秋と春とどちらが勝っているか。（秋より春のほうがよい。）
⑥夏が一番よい。

解説

1 ①書 苟《いや》しくも吾が体に存すれば、…… 訳 もし私の体にあれば、…… ②書 蚕を養はしむるに若《し》かず。訳 蚕を養わせるほうがよい。

2 ①この「縦」は「たとヒ」と読み、逆接仮定条件。「～を得ず」は不可能。書 縦《たと》ひ扶持することを得ずとも…… 訳 たとえ救ってやることができなくても…… ②書 庶《こひねが》はくは読まん。訳 どうか読みたい。

3 「不」に送り仮名がないので「不↓哉」は「ずや」と読む詠嘆。直訳は「なんとあやまっていることがはなはだしいではないか」で、「ひどくあやまっているなあ」ということ。これと同じ解釈はイのみ。書 豈に過《あやま》つこと甚《はなは》だしからずや。

4 「亦～ずや」は詠嘆で「なんと～ではないか」。書 亦《また》可ならずや。

5 「毋」は「無」と同じ。「寧A毋B」の訳は「むしろAはしてもBはするな」。書 寧ろ人我に負《そむ》くとも我人に負《そむ》く毋《な》かれ。

6 ①文頭で返り点のついていない「若」は「もシ」から考える。「もシ」は送り仮名「バ」とセットでよく用いるので「有」は「バ」をつけて「あらバ」にする。書 若し余に告ぐる者有らば、……　訳 もし私に告げる者がいたならば、……　②「莫若」は「しクハなシ」と読み、直前の送り仮名は「ニ」。書 貍奴に若くは莫し。訳 猫が一番よい。　③「雖」は「いへどモ」と読み、直前の送り仮名は「ト」。書 之を為すと雖も、……　訳 これをするけれども、……or たとえこれをするといっても、……　④「無レA レ焉」は「これヨリAハなシ」と読み、Aは連体形にする。形容詞「高し」の連体形は「高き」。書 焉より高きは無し。訳 これが一番高い。　⑤「何其A也」は「なんゾそレAや」と読む。書 何ぞ其れ疎かなるや。訳 なんとまれではないか。　⑥「欲レV」は「Vントほッス」と読み、Vは未然形。「聞く」の未然形は「聞か」。書 聞かんと欲す。訳 聞きたいと思う。

7 ①「豈不A哉」のAが形容詞「哀し」なので詠嘆で考える。書 豈に哀しからずや。　②「不如～」の訳は「～に及ばない・～のほうがよい」。書 猷に如《し》かず。　③「願」の最後が命令形なので「どうか～してください」という相手への願望。V「飲」の下の「薬」は0なので、「ヲ」の送り仮名をつける。書 願はくは薬を飲め。　④「A於N」で、Aが形容詞か形容動詞であれば比較「NよりAも）A」の可能性が高い。「甚」は形容詞「はなはダシ」なので、比較から考える。書 民の口を防ぐは、水を防ぐよりも甚だし。　⑤「A孰二与B一」は、AとBを比較した疑問。実質はBのほうがよいと思って問うている場合が多いので、「秋より春のほうがよい」と訳しても正解。書 秋は春に孰与《いづ》れぞ。　⑥「莫如」は下の内容が最上。書 夏に如《し》くは莫し。

Chapter

9「以」・「すなはチ」

本冊 p214

1 イ 2 エ 3 ウ 4 ア 5 エ

6 ア 7 おもへらく

8 ①書 陳余を以て大将軍と為す。 訳 陳余を大将軍とする。

②書 庖丁を以て割く。 訳 包丁で割く。

③書 堯の子丹朱は不肖なり。乃ち舜を天に薦む。

訳 堯の子の丹朱は愚か者である。そこで舜を天子に推薦する。

④書 楚に行きて以て之を売る。

訳 楚（の国）に行って（そして）これを売る。

⑤書 以て例と為す。

訳 いつものことと思う（＝考える・みなす）。

⑥書 辞するに酔ひて知らざるを以てす。

訳 酔って（いて）知らない（＝わからない）ことを告げた。

解説

1 「即チ」は「すなはチ」。選択肢の中で「すなはチ」はイのみ。

2 「則」は「すなはチ」。「バ則チ」の「則」は解釈では無視してOKで、「しからば」と同じように「そうならば・それならば」と訳す。

4 書 便《すなは》ち坐して…… 訳 すぐに座って……

5 「乃」は「そこで・やっと・なんと」と訳す。あてはまるのはエのみ。書 後《のち》に乃《すなは》ち走使《そうし》より知る。訳 後にやっと使用人から知った。

6 「以～也。」は「～を以てなり。」と読み、「～からである。」と訳す。書 時を知るを以てなり。

7 「以為～ト。」は「おもへらく～と。」と読み、「～と思う。」と訳す。書 皆以為へらく之を得《う》ること謬《あやま》らずと。訳 誰もが真実がわかったに違いないと思った。

8 ①「以A為B」は「AヲもってBトなス」と読み、「AをBと思う・AをBとする」と訳す。ここでは後者の訳。②「以～」の下に動詞「割ク」があるので「～ヲもってV」と読む。理由・手段・目的の意味があるが、ここでは手段。③「乃」は「すなはチ」と読み、「そこで・やっと・なんと」の3つの訳がある。ここでは、堯の子供が愚か者なので、「そこで」舜を推薦したということ。動詞「薦ム」の下には「舜」と「天」の2つの名詞の塊があり、置き字「於」があるので、上の「舜」がO（目的語）、下の「天」がC（補語）になり、それぞれ「ヲ」と「ニ」の送り仮名をつける。④「Vテ以テV」の「以」は接続詞「そして」。解釈上では無視してもOK。動詞「売ル」の下の「之」はOで「ヲ」の送り仮名をつける。⑤「以為B」は「もってBトなス」と読み、「Bと思う（＝考える・みなす）」と訳す。⑥「辞」は **ヒント！** から動詞で、「以～」の上に動詞があるので「Vスルニ～ヲもってテス」と読み、「Vスル」は連体形。「辞す」はサ変動詞なので連体形は「辞する」。この「而」は置き字。「不」に続く「知」は未然形「知ら」と読む。「～ヲ以テ」の「以」には理由・手段・目的の意味があるが、ここではOで「～ということを告げた」となる。